ふらんす
特別編集

シャルリ・エブド事件を考える

　たまたまシャルリ・エブド襲撃事件が起こった2015年1月7日にパリに居合わせたことから、帰国後、新聞やテレビでインタビューを受け、事件の背景となった移民問題、イスラームと第五共和国憲法のライシテ（政教分離、非宗教性）原則との関係、フランス特有の風刺文化、およびフランスという国の成り立ちなどについて、私の知っている範囲で説明を続けてきた。しかし、フランスとまったく国情が違い、また民族性も異なる日本においてこれらの問題について解説し、論じることの限界を感じたので、いっそ、広く専門家に尋ねてみたらどうだろうと思い至った。幸い、近年、フランスのライシテ原則や移民問題、風刺ジャーナリズムや文化的共生など、事件にかかわる多くのテーマについて専門に研究されている方々が増えているので、それらの方々が今回のシャルリ・エブド事件に際して何を思い、何を感じたかを網羅するなら、われわれ日本人がこの事件について考えるための叩き台を提供できるのではないかと考えた。

　出来栄えについては読者のご判断に任せたいが、編者としては、さしあたり考え得るベストの執筆陣を用意できたのではないかと自負している。

2015年2月12日

鹿島 茂

事件3日間のドキュメント

1月7日（水曜日）

- 10:00　パリ11区シャルリ・エブド紙本社で、定例の編集会議。
- 11:30　覆面姿の男2人が同紙を襲撃。カラシニコフ銃で風刺画家5人を含む12人を殺害、11人を負傷させて逃走。
- 12:40　仏政府、国内のテロ警戒レベルを最高に引き上げると発表。オランド大統領が襲撃現場を急訪。
- 18:00　レピュブリック広場はじめ各地で犠牲者を追悼する集会。
- 同夜～翌未明　パリ19区に乗り捨てられた車から、襲撃犯のものとみられる身分証明書が発見される。捜査当局はサイード・クアシ（34歳）とシェリフ・クアシ（32歳）を襲撃犯と断定。兄弟の氏名と顔写真を公表。

1月8日（木曜日）

- 08:00　パリ南郊モンルージュで、女性警官がカラシニコフ銃で撃たれ死亡。
- 09:30　パリ北東エーヌ県ヴィレール=コトレ

- 一八九四　ドレフュス事件（～一九〇六）、植民地省設置
- 一九〇四　修道士による教育の全面禁止法、ヴァチカンとの国交断絶
- 一九〇五　政教分離法
- 一九一五　カナール・アンシェネ創刊
- 一九二一　ヴァチカンとの国交回復
- 一九三二　血盟団事件
- 一九三三　マッケリー『吾輩はカモである』
- 一九四六　インドシナ戦争開始
- 一九五四　ディエンビエンフー陥落、アルジェリア戦争開始（～一九六二）
- 一九五八　ド・ゴールが第五共和制の初代大統領に就任
- 一九六〇　アラキリ創刊、西アフリカや赤道アフリカの植民地が独立
- 一九六二　アルジェリア独立
- 一九六八　五月革命
- 一九七〇　PFLP旅客機同時ハイジャック事件、ド・ゴール死去、アラキリ発禁、シャルリ紙創刊
- 一九八一　シャルリ紙休刊
- 一九八九　イランのホメイニ師が『悪魔の詩』の作者ラシュディに死刑宣告（一九九一年に邦訳した研究者が何者かに殺害される）、スカーフ事件
- 一九九〇　イラクがクウェート侵攻
- 一九九二　シャルリ紙復刊、スレイマン『殺人のオマージュ』
- 一九九三　オスロ合意
- 一九九四　パリ地下鉄爆破テロ
- 二〇〇一　九・一一同時多発テロ
- 二〇〇二　パリ島爆弾テロ事件
- 二〇〇三　イラク戦争
- 二〇〇四　宗教的標章法（スカーフ禁止法）、マドリード連続列車爆破事件
- 二〇〇五　ロンドン地下鉄同時爆破事件、デンマーク日刊紙ユランズ・ポステンがムハンマド風刺画を掲載（シャルリ紙が二〇〇六年に転載）、パリ郊外暴動事件
- 二〇〇六　シャルリ紙が「十二人のマニフェスト」発表
- 二〇一〇　ブルカ禁止法
- 二〇一一　アラブの春、東日本大震災、シャルリ紙本社が火炎瓶攻撃で全焼
- 二〇一二　ユダヤ人学校等連続襲撃事件
- 二〇一五　シャルリ・エブド襲撃事件、三百七十万人大行進

10:00	の給油所で兄弟の目撃情報。		14:25	捜査当局がアムディ・クリバリ（32歳）をモンルージュ警官銃撃犯と断定、氏名と顔写真を公表。
10:00	政府、11日に犠牲者を悼むデモを各地で行うと決定。		15:00	当局がパリ環状道路を封鎖。
12:00	公共の場で1分間の黙禱。		16:40	パリ4区のユダヤ人街ロジエ通りに警官配置。シナゴーグでの会合を中止するなど厳戒態勢。
午後	シャルリ紙、1月14日号を刊行すると発表。		17:00	ダマルタン＝アン＝ゴエルの籠城現場に憲兵特殊部隊突入。ポルト・ドゥ・ヴァンセンヌの籠城現場に警察特殊部隊突入。

1月9日（金曜日）

09:15	パリ北東シャルル＝ド＝ゴール空港近くのダマルタン＝アン＝ゴエルで銃声。		17:20	籠城していた兄弟の死亡を関係筋が明かす。
09:25	兄弟が同地の印刷所に人質を取って籠城。近隣住民に避難指示。		17:25	籠城していたクリバリの死亡を関係筋が明かす。
10:25	捜査当局、シャルル＝ド＝ゴール空港に通じる交通網を封鎖。		19:15	内相が特殊部隊に謝意、国民の安全確保に尽力すると言明。
11:30	憲兵特殊部隊を配備。		19:50	オランド大統領がポルト・ドゥ・ヴァンセンヌの籠城現場で4人の人質が犠牲になったと発表。演説で「フランスはなおテロの標的になる脅威にさらされている。総力を挙げた警戒態勢を望む」と発言。
11:45	携帯電話を通じて兄弟との接触を画策。			
12:20	ダマルタン＝アン＝ゴエル町長、住民に避難指示。			
12:50	兄弟と警官銃撃犯が事件前から交流している疑いが浮上。		20:10	ヴァルス首相が突入は大統領と首相が決定したと明かす。「我々はテロと戦っている。宗教との戦争でもイスラームとの戦争でもない」と発言。
13:40	モンルージュ警官銃撃犯とみられる男がパリ東部ポルト・ドゥ・ヴァンセンヌのユダヤ系スーパーに人質を取って籠城。			
13:55	近隣の学校を閉鎖。			

＊事件のドキュメント作成に当たっては、ル・モンド紙、リベラシオン紙、パリジャン紙を参照した。年表作成に当たっては、東京都立大学フランス文学研究室編『フランスを知る』（法政大学出版局、2003年）、伊達聖伸『ライシテ、道徳、宗教学』（勁草書房、2010年）、アルベール・マチエ『革命宗教の起源』（杉本隆司訳、白水iクラシックス、2012年）などを参照した（編集部）。

本書関連年表

- 一三三七 百年戦争開始（〜一四五三）
- 一五五九 最初の『禁書目録』（教皇庁）
- 一五七二 サン・バルテルミの虐殺
- 一五八〇 モンテーニュ『エセー』初版
- 一五八八 モンテーニュ『エセー』、第三巻を加えた版（一五九八年に再度告発）
- 一六〇〇 メンキオ処刑
- 一六八五 ナントの勅令廃棄
- 一六八九 ロック『寛容に関する書簡』
- 一七六二 カラス事件、ルソー『社会契約論』
- 一七六三 ヴォルテール『寛容論』
- 一七八九 フランス革命、人権宣言
- 一七九〇 聖職者市民法
- 一八〇一 ナポレオンがピウス七世とコンコルダ締結
- 一八〇四 ナポレオン一世即位
- 一八〇八 ユダヤ教公認
- 一八一四 王政復古
- 一八三〇 仏軍がアルジェ侵攻、七月革命、カリカチュール創刊
- 一八三二 シャリヴァリ創刊
- 一八三五 ギゾー法
- 一八四八 二月革命
- 一八五〇 ルイ＝フィリップ暗殺未遂事件、九月法
- 一八五一 ユゴーが議会で政教分離を提唱、ファルー法
- 一八六四 ルイ＝ナポレオンのクーデタ（一八五二年に皇帝に即位）、ピウス九世が『誤謬表』を発布、ラルース編『十九世紀世界大百科事典』（〜一八七六）
- 一八七七 コレージュ・ド・フランスに「宗教史」講座
- 一八八〇 三色旗を国旗に決定
- 一八八一 出版自由法、フェリー法（無償）
- 一八八二 フェリー法（義務・ライシテ）
- 一八八五 カトリック神学部廃止
- 一八八七 仏領インドシナ成立

シャルリ・エブドと5人の風刺画家

シャルリ・エブドとは？

風刺週刊紙シャルリ・エブドは1960年創刊の風刺誌・月刊アラキリ *HARA-KIRI* をその前身とする。同誌は「バカで意地悪」をスローガンに、タブーを知らない過激なユーモアで幾度か発禁処分を受けながらも、一時は25万部の発行部数を誇った。1969年により高い報道性を求めて週刊版（アラキリ・エブド *HARA-KIRI HEBDO*、次いでレブド・アラキリ *L'HEBDO hara-kiri*）の発行を開始。

1970年11月、シャルル・ド・ゴールの死を揶揄した表紙で発禁処分を受けるも、翌週には紙名をシャルリ・エブド *CHARLIE HEBDO* に変えて発行を継続した。1982年に売上不振で休刊するも、1992年に再刊し現在にいたる。

政治・宗教を筆頭にあらゆる権威を否定。どぎつい風刺画で笑い飛ばし、とりわけ極右政党、カトリック教会らの反発を買い、たびたび名誉毀損で訴えられる（92年以降、約50件の訴訟。うち3/4は無罪判決）。

2006年に世界的な問題となったデンマーク日刊紙によるムハンマド風刺画を転載、さらに独自にイスラームを激しく揶揄したことで、ムスリム団体の反発を買い、訴訟も重なっていた。2011年には編集部が放火され全焼する被害を受けている。

独立性保持のため広告は掲載せず、購読料と寄附のみで運営。かつて10数万あった部数も近年は激減し（販売部数約3万部。うち定期購読が1万ほど）、存続が危ぶまれていた。2015年のアングレーム国際漫画フェスティヴァルで「表現の自由・シャルリ賞」が創設され、亡くなった5人が第1回受賞者となった。

殺害された5人の風刺画家

シャルブ Charb
ステファン・シャルボニエ Stéphane Charbonnier
1967年生

1992年のシャルリ・エブド再刊時からの所属作家。2009年より同紙発行人。ユーモア漫画誌レコー・デ・サヴァンヌや一般紙誌でも活躍。『マルセル・クフ *Marcel Keuf*』（アル中のアナーキーな警官）や『モーリスとパタポン *Maurice et Patapon*』（両刀使いでアナーキストの犬モーリスとファシストで超リベラルな猫のパタポンが主人公の大人向け作品）のキャラクターを生み出し、単行本化もされた。

ヴォランスキ Wolinski
ジョルジュ・ヴォランスキ Georges Wolinski
1934年生

1970年から1980年まで漫画誌、月刊シャルリ *Charlie Mensuel* 編集長。カビュとともにシャルリ・エブドを創刊当時から支えた。1968年のパリ五月革命時に描いた風刺画が評判となり、以後ジュルナル・デュ・ディマンシュ紙、ユマニテ紙、パリ・マッチ誌でも活躍。政治漫画の他、好んでセクシーで奔放な女性を描いた。2005年にアングレーム国際漫画

フェスティヴァルでグランプリ受賞。

カビュ Cabu
ジャン・カビュ Jean Cabut
1938年生

1960年代からアラキリ誌に作品を発表。漫画誌ピロット、月刊シャルリで、『のっぽのデュデュッシュ Le Grand Duduche』や『カトリーヌの日記 Le journal de Catherine』を長期連載。愚かなフランス男の典型ボフは人気キャラクターとなり、新語（beauf）として辞書に掲載された。風刺新聞カナール・アンシェネ紙でも活躍。80年代には和製アニメを放映したTV番組のレギュラーとして人気者となった。

ティニュス Tignous
ベルナール・ヴェルラック Bernard Verlhac
1957年生

1980年代初頭からニュース雑誌マリアンヌやユーモア漫画誌フリュイド・グラシアルに作品を発表。コルシカ島知事暗殺事件の裁判傍聴ルポ漫画『コロナ裁判 Le procès Colonna』がシャルリ紙に発表された後、同ルポは単行本として出版され、2009年に公共ラジオが主催する「報道ルポ漫画賞」を受賞。また、ボードゲーム用のイラストでも活躍した。

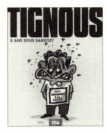

オノレ Honoré
フィリップ・オノレ Philippe Honoré
1941年生

風刺画家として日刊紙ル・モンド、リベラシオンで活躍。イラストレーターとしても様々な雑誌に作品を発表した。文芸誌リールで連載した文学作品に関わる謎解き絵は2冊の作品集にまとめられている。シャルリ・エブドには1992年より参加。木版画を思わせる特徴的な絵柄と重厚なユーモアで親しまれた。

作成：鵜野孝紀（うの・たかのり）　日仏漫画コーディネーター、通訳・翻訳。主な翻訳にマナラ『ガリバリアーナ』、ユング『はちみつ色のユン』など。

シャルリ・エブド追悼（2015年1月7日）

マリー・ダリュセック

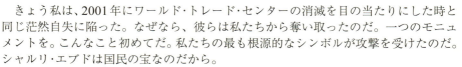

　きょう私は、2001年にワールド・トレード・センターの消滅を目の当たりにした時と同じ茫然自失に陥った。なぜなら、彼らは私たちから奪い取ったのだ。一つのモニュメントを。こんなこと初めてだ。私たちの最も根源的なシンボルが攻撃を受けたのだ。シャルリ・エブドは国民の宝なのだから。

　私がこれを書いている今、シャルリが来週号をどうやって発行できるか、誰にもわからない。先週号を読んでみると、記名記者の半数が亡くなってしまっている。新聞が私の目の前で空っぽになってしまった。愛する者が死んでしまったように涙が出てくる。テロリストは1つの新聞を消し去ろうとしているのだ。頭（幹部）を刎ねて滅ぼそうと。私が代わりを務め、シャルリに投稿しようか？　3人の子供たちの前で、私は自問する。答えは当然、ウィ（諾）だ。でも、こわくもあるけれど。

　私たちはそれを「シャルリ」と呼んできた。昔からの友達のように。父はシャルリを1970年代から読んでいた。以前、この風刺週刊紙は「腹切り（アラキリ）」という名前だった。「アラキリ」は1970年に、ド・ゴール将軍逝去の際の挑発的な（そしてとてもおもしろい）表紙を出した後、発売禁止になった。それで「シャルリ・エブド」という名で再出発したのである。

　私は5、6歳のころから、シャルリでいろいろなことを学んだ。もちろん子供用の新聞ではない。当然セックスのことも学んだし、社会の一員であることの意味も、そして、機智（エスプリ）に富んだ形ならば、あらゆることを笑いの対象にできるということを学んだ。自分がヴォルテールを生んだ傲慢無礼な国に生きていることを学んだ。マッチョな男が女たちのお尻を触るマンガを見て驚き呆れ、フェミニズムに目覚めた。子供たちを同性愛に引き込む司祭のイラストで非宗教性（ライシテ）（1）を学んだ。ファシズム、人種差別、反ユダヤ主義、同性愛嫌悪とはどういうものかということを、すばらしく「不適切な」（当時はまだこういう言葉はなかったが）イラストを見て学んだ。シャルリのイラストはみんなショッキングだ。そのうえ挑発的で、大人にとっては、健康にいい大笑いであり、通念を覆してくれる公衆衛生の一つだ。

　シャルリ・エブドのサブタイトルは「無責任新聞」である。カラーがはっきりしていて、見たところ無秩序だが、ちゃんと欄立てがされている。広告はなく、イラストと文章だけでできている。1月7日付の今週号のシャルリの表紙は、ウエルベックが問題小説『服従』を手にした大きなカリカチュアで、その小説が描いているのは、未来のフランスがイスラーム政権に支配され……。聡明な経済学者ベルナール・マリスの記事は「経済学においてフロイトを忘れるのは、物理学でアインシュタインを忘れるようなものだ」と書いている。そのベルナール・マリスは殺された。私は精神分析学者エルザ・カヤのコラムも好きだった。彼女の最後の記事のタイトルは「クリスマスというの

は本当にうざい」だ。エルザも殺された。「論争」欄は、イエス・キリストの実在性について肯定か否定かの、2段にわたるもので、コミカルでありながら極めて高度な神学的議論にもなっている。ページ中央には、ティニュスのイラストがある。ティニュスも殺された。その絵では、尼さんたちがキリストの聖遺物——ケータイ電話だ——を掲げて行進している。キリストの実在性の追加の証拠で、彼女らによれば、ケータイには処女マリアの番号が登録されているというのだ。

　ほかの欄を見ると、「今週のファトワー〔イスラームの法学裁定〕」では、役立たずの眼鏡のつるに死刑宣告……している。この愉快なクロッキーは、編集長シャルブ〔シャルボニエ〕の記名だ。彼も殺された。彼の首には、数年前から複数のイスラーム系サイトで懸賞金がかかっていた。襲撃者たちは編集部に入りながら、「シャルブはどこだ？シャルブはどこだ？」と叫んでいたという。新聞での彼の最後のイラストには驚かされる。そこでは、髭を生やし武装して狂気じみた過激派が、謹賀新年の挨拶を告げるかのように、1月末までの処刑を告げているのだ。各メディアが「予兆」だと言ったが、シャルブは年中この種のイラストを描いて、宗教をではなく、狂信者を告発してきたのである。エア・アジアの墜落事故を皮肉ったイラストもある。シャルリは犠牲者たちにも容赦しない。シャルリはあらゆるものを笑うように死者たちのことも笑うのだ。きっと自分たちの死、このテロ事件そのものについても悪ふざけをしただろうし、生き残った者たちはそうするだろう。

　人はシャルリの新しい号を読み終わると、世界の愚かさ加減に安心する。人は大笑いや大泣きの後のように、再び気を取り直す。なぜならシャルリはまたメランコリックで哲学的な新聞でもあるから。やはり水曜日に80歳で殺された、伝説的な風刺イラスト画家のヴォランスキは言っていた。「ユーモア作家は神を信じることができない。ユーモア作家は、説明不可能な神秘を安易に説明したがる伝説のでっちあげと闘うのだ」と。彼の最後のイラストは、不安に満ちた高騰を描き、オランド大統領の口から「これが正しい道なのだろうか？　目的地に着くまでわからないよ」というセリフが漏れている。

　シャルリのイラストにはまた、無邪気なやさしさがあり、優等生とは無縁の、歓びや滑稽さ、夢の中のような、子供っぽい側面がある。もう一人のユーモア・イラスト作家のモニュメントであるカビュ、76歳にして有名なシリーズの主人公、夢見る高校生「のっぽのデュデュッシュ」に似ていたカビュも殺された——フランソワ・オランド大統領と左翼を揶揄して、大統領の飼い犬を描いた、可愛らしい最後のイラストを遺して。

　私が泣いたのは、カビュとヴォランスキの二人が死んだと知ったときだ。それが事実になったと知ったときだ。誰もが二人をよく知っていた。多くの左派や右派の新聞で、ラジオで、テレビで、彼らは50年来、私たちと共にあり、私たちを笑わせてくれた。

　ユーモアは世界を救う。ユーモアは私たちを、シリアスな精神とその危険から解放してくれる。シャルリは武器としてユーモアを操ることができたが、この武器は人を殺しはしない。「神は偉大なり〔アラーアクバル〕」と叫びながら10名のジャーナリストと2人の警官を殺した人々は、ユーモアに欠けていた、ということは確かだ。

2006年にシャルリはムハンマドのカリカチュアを掲載した。「シャルリ・エブドにヴェール(アレム)をかけなくてはならない」と、表紙ではローマ法王と、ユダヤ教のラビと、イスラームの神学者が叫んでいた。シャルリはまた、デンマークの『ユランズ・ポステン』に載った12枚のイラストを再掲載もした。いくつものムスリム組織が「イスラーム教徒への侮辱」だと告訴した（今日、フランスの全ムスリム主要機関が公式に今回の襲撃を断罪している）。いつもシャルリで物笑いの種にされてきたサルコジとオランドが、そのとき表現の自由の名のもと、シャルリ擁護の声明を発表した。当時社会党書記長だったオランドは自ら証言に出向いたし、サルコジは当時内務省つまり宗教担当の大臣だったのだ。判決は、12枚のイラストは「ムスリム教団全体ではなく、明らかに強硬派だけを」風刺するものだとして、シャルリの正当性を認めた。「冒瀆」の概念は民主主義においては何も意味をなさない。「冒瀆」とは盲信の領域に属しており、表現の自由は理性の領域に属している。今日、サルマン・ラシュディ（2）はシャルリ・エブドに敬意を表している。

　2011年11月、脅迫を受けながらもシャルリ・エブドはわざわざ「シャリーア・エブド（3）」と名前を変えて特集号を発行し（4）、そこではイスラーム主義者たちに囲まれたムハンマドが「愚か者たちに愛されるのはつらい」と泣いていた。それは40万部売れて、新聞販売部数の記録を作った。2011年には社屋が放火されて、引っ越しと、警察の警備下に生きることを余儀なくされた。そして警官たちは、ブルジョア的なものすべて、権威や私有財産や「良識」を嘲笑する号でさんざんな目に遭った。「1年間で20名くらいの警官をくたくたにさせた」（2012年9月のル・モンド紙）と編集長シャルブは語っていた。

　そのインタビューでシャルブはまた次のように言っていたのだった。「私には子供も、妻も、車も、貯金もありません。このように言うときっと、ちょっと大げさかもしれませんが、私は膝を屈して生きるよりも、既然と立ったまま死んだ方がいいのです」と。

(1) 政治・司法・教育など公的な場に宗教を持ち込むことの禁止。フランスは革命以来、カトリック教権と共和主義の闘いが続いたが、1905年に「政教分離法」が成立し、1万校以上のキリスト教の学校が閉校になった。フランス国民は勝ち取った「ライシテ」に誇りを持っており、1990年以降、公立校でのムスリム女子生徒のスカーフ（ヴェール）禁止など、近年はイスラームとの闘いが目立つようになっている。今回のシャルリ・エブド事件も、こうした背景を理解する必要がある。
(2) 小説『悪魔の詩』のためにイスラーム教団から死刑宣告を受けたイギリスの作家。
(3) シャリーアとは、コーランと預言者ムハンマドの言行（スンナ）を法源とする法律。
(4) チュニジアで「アラブの春」後の最初の選挙でイスラーム穏健派ナハダが勝利したのを「祝福」する特集。

マリー・ダリュセック　1969年生まれ。フランスの作家。著書に『めす豚ものがたり』、『亡霊たちの誕生』、『あかちゃん　ル・ベベ』、『警察調書――剽窃と世界文学』などがある。この記事は、事件当夜に書かれ、ヨーロッパの多くの国と、南米の大半の国の新聞に掲載された。

訳：高頭麻子（たかとう・まこ）　日本女子大学教授、翻訳家。マリー・ダリュセックの作品翻訳のほか、ニュー・スマーナ・ビーチ『シュザンヌの日々』（共訳）、ナンシー・ヒューストン『愛と創造の日記』、ロール・アドレル『パリと娼婦たち1830-1930』など。

ふらんす 特別編集
シャルリ・エブド事件を考える
Penser l'affaire Charlie Hebdo édition spéciale LA FRANCE

目次

［鼎談］鹿島茂 ＋ 伊達聖伸 ＋ 堀 茂樹 （構成：尾原宏之）

L'affaire Charlie Hebdo est-elle le 11 septembre français ?
シャルリ・エブド事件は「フランスの9・11」か？

● 前篇 ● 045
● 後篇 ● 091

1

Est-ce que je suis Charlie ?
わたしはシャルリ、なのか？

関口涼子 ● 表現は誰のものか	014
野崎 歓 ● ウエルベックの涙	020
陣野俊史 ● たった3秒のラップ ──ル・クレジオの言葉とともに考える	023
清岡智比古 ● どこにでもいる人 ──「パリ移民映画」にみる階層	026
飛幡祐規 ● 病めるフランス共和国 ──なぜ彼らはジハーディストになるのか	029
山下泰幸 ● 一人の日本人ムスリムにとってのシャルリ襲撃	032
にむらじゅんこ ● シャルリとは誰か ──アンチ・レイシスト？ ウルトラ・ライシスト？	035
エチエンヌ・バラール ● シャルリなのはシャルリだけ （翻訳：新島 進）	038
師岡カリーマ・エルサムニー ● 私もシャルリじゃなきゃダメかしら	040

2 Pourquoi « tout est pardonné » ?
なぜ、すべてはゆるされるのか？

- 伊達聖伸●ライシテの再強化が道を踏み外さないように … 058
- 小倉孝誠●政治的装置としての風刺画 … 061
- 野村正人●諷刺画と自由の歴史 … 064
- 宮下志朗●三つの指輪 ── 寓話としての宗教的寛容 … 067
- 宮代康丈●寛容と共和国 ── 社会統合はどうあるべきか … 071
- 三浦信孝●フランスの1・11は9・11後を反復しない … 074
- 澤田 直●共和国の踏み絵 ── 短絡の連鎖を断ち切るために … 079
- 川出良枝●自由社会にとっての試金石 … 082
- 私市正年●「アラブの春」からシャルリ・エブド事件に至る道 … 085
- 酒井啓子●憧れるフランス、憎むフランス … 088

3 Comment lutter contre le terrorisme ?
どのように、テロとたたかうのか？

- 堀 茂樹●自由な共生のための自由のリミット … 104
- 藤本一勇●すべてを言う権利 ── デリダならどう言ったか … 107
- 港 千尋●実名を隠しながらも、あきらめない。 … 110
- カリン・西村＝ブペ●マンガの国がプロテストするとき（翻訳：笠間直穂子）… 114
- 山口昌子●テロ事件で浮かびあがったフランスの国のかたち … 116
- 四方田犬彦●誰がテロリストと呼ばれるのか … 119
- 高山裕二●問題は宗教か？ ── 私化する時代の社会統合 … 124
- 矢田部厚彦●自由主義社会と異文化とユマニスム … 127
- 池内 恵●自由をめぐる二つの公準 … 130

- [巻頭言] 鹿島 茂 … 003
- [付録] 事件3日間のドキュメント（地図と年表）… 004
  シャルリ・エブドと5人の風刺画家（作成：鵜野孝紀）… 006
- [エッセイ] マリー・ダリュセック●シャルリ・エブド追悼（2015年1月7日）
  （翻訳：高頭麻子）… 008

BD：森 健司＋岩下晃子（graphiteline）　DTP：鈴木さゆみ
PHOTO：神戸シュン（カバー、p.003、p.044、p.070、p.078、p.115、p.134）　CD：和久田頼男

1

Est-ce que je suis Charlie ?
わたしはシャルリ、なのか？

表現は誰のものか

関口 涼子

　私は、シャルリ・エブド事件のあらゆる場面で「言葉」と「翻訳」の問題が関わっていることを驚きつつ見守っていた。翻訳者という職業柄、どのような事象にも自分の関心事を持ち込んでいるのかもしれない。だが少なくとも、風刺画の多くに言葉が添えられている限り、これはテキストをどのように読むかという問題であり、物書きであれば、これを言語表現の領域から捉えるのが当然であるとも思われた。ここには、作家カミーユ・ド・トレドが言う、「ヨーロッパは翻訳の地だ」という事象の帰結が顕著に現れている。彼は、ヨーロッパは移民の言語も含め最も多くの言語が話されている領域だという意味でこの表現を使っていたのだが、西欧が翻訳の地であるのなら、そこには誤訳があり、訳し残した文章があり、意図的に意味が取り違えられることもあるだろう。翻訳の作業で行うように、重要な表現をピックアップし、考察メモを取る方法で、この事件を記してみたい。

Je suis Charlie

　あまりにも有名になったこの言葉（Je suis Charlie）を、私自身は用いることがなかった。それはその意味のせいではなく、「Je suis...」という表現が否応なしに含んでしまう排他性ゆえに。「私は～」という言い回しからは、「～である」か「～でない」かという選択しか導かれない。

　ある出来事に対するスローガンは、幾つもの時制やモードを取りうる。命令形、祈願法、呼びかけ……。内容そのものよりも、そこでどの語法が用いられるかがメッセージの性質を大きく規定する。

　事件後、議論が急速に硬直化した理由の一部は、この事件を象徴する表現が「私イコール～」であり、「あなた」に向けられなかったこと、そして私ではない存在を排除する（日本語訳の《私はシャルリ》の「は」の機能も同様である）語法だったこととも関わっているのではないだろうか。《私はシャルリ》、それはフランスの同化政策を想起させる文言でもある。

　ひとつの表現が事件の成り行きを左右することはないが、事件に関わる議論の性質を規定してしまうことはある。この、本来ならば（被害者ら）マイノリティのメディアへの連帯として発されたスローガンが、すぐにマジョリティの側に移行し、1週間で当初の力を失い、今では口にするのも気恥ずかしい言葉になってしまったのを見るとき、もしもこのスローガンが別の動詞、別の時制を持っていたなら、と想像せざるをえない〔ちなみに suivre（～に付き従う）という動詞の直説法現在第一人称単数形も suis である〕。

キャラクターとしてのムハンマド

　シャルリ・エブド紙が襲撃されてからちょうど1週間後に出版された最新号の表紙には、涙を流している、イスラーム教徒と思われるひとりの男性が描かれた。彼は《私はシャルリ》と書かれた紙を持ち、その上には「Tout est pardonné」と書かれている。

この絵の作者リュズは、この男を預言者ムハンマドでもあるとしたが、なによりも、これは「僕のキャラクター_{モン・ペルソナージュ}」と言っていたのが印象的だった。彼にとってこの絵はムハンマドそのものではなく、あくまでもムハンマドに由来する自分のキャラクターだった。そう考えてみると、彼がこの表紙にこのキャラクターを描いた理由が見えてくる。

イスラーム教徒にとっては確かに、ムハンマドの表象は許しがたいのだろう。しかし作者の立場からすれば、漫画家であれ小説家であれ、自分がある人物を作り上げることを否定された瞬間、創作は成り立たなくなる。

リュズは、このキャラクターを初めて描いた号が出版された2011年、編集部に火炎瓶を投げ入れられる憂き目にあう。自分が作り上げたキャラクターのせいでさんざんな目にあったわけだ。しかし、そのキャラクターをもう一度絵にするにあたり、「僕のムハンマド、もう一度赦しあおう」と語りかけたところ、彼のキャラクターはこう答えたという――「たいしたことないよ、君は生きてるんだから、また僕を描くことができるじゃないか」。

ムハンマドというキャラクターをもう一度描くことができなかったなら、彼には創作そのものがもう二度と不可能だったにちがいない。だから彼が「ムハンマドをまた描くことができた」ということは、聖性の表象可能性や冒瀆の権利とは別のところにある。

作り手にとっての「僕のキャラクター」という言葉は、創作の分野において看過できない重要な問題を包含している。

Tout est pardonné

1月14日号の表紙に載ったこの一文については、別の場所で私はすでに記事を書いている（SYNODOS 1月14日付）。

日本のメディアは「Tout est pardonné」を「すべては許される」と訳し、何でもありだ、という作者の傲慢を示していると解釈したが、これはむしろ「罪を赦す」という意味合いも持つ「すべてを赦した」（過去にはいろいろあったが、そのことはお互いに忘れて、先に進もう）という意味であることを、私はその際にも述べている。

この表現は、絵に描かれたムハンマドが、「君たちの風刺、または思想を、私は寛容に受け止めよう」と言っているとも受け取れるし、シャルリ・エブド紙の側が、「私たちは仲間を殺されたが、これを憎悪のもとにせず、前に進んでいかなければならない」と言っているとも受け取れるのである。

また、この男を、ムハンマドではなくイスラーム共同体の象徴と考えるなら、「自分たちは風刺画を批判してきたが、そのことで被害者を出してしまった。今はあなた方がイスラームの風刺をしたことを赦そう」と言っているというふうにも受け取れる。

さらには、事件が起きる前は読者でも何でもなかったフランス人たちがいきなり《私はシャルリ》などと調子いいことを言ってきたことに対して、シャルリ紙の編集側が、苦虫をかみつぶしながら、「しょうがねーなー、勘弁してやるよ」と言っているとも受け取れる。

深読みと思われるかもしれないけれど、この男が誰か分からないこと（他の号では絵の脇に「ムハンマド」と書かれている場合もある）および「Tout est pardonné」が誰の言葉であるか分からないことが、これだけの解釈を理論的に可能にしている。そしてそれは、この事件の持つ複数の立ち位置の複雑さとデリケートさをも露わにしている。

イメージに添えられた言葉

マンガの翻訳を生業のひとつとしている私としては、今回あらためて、マンガにおけるテキスト部分がどれだけ重要であるのか、という問題を痛感させられた。ふつう、人は、マンガにおけるテキスト部分を副次的なものと考えがちである。「一目で見て分からなければ、良い風刺画ではない」というコメントも見かけたが、実際には、風刺画には言葉はつきものであったわけだし、幾通りにも読み取れるその言葉こそが、風刺の切っ先をさらに鋭くしていたのだ。

1月14日号の表紙を日本で目にした人のなかには——絵だけで判断して——「暴力的ではないからOK」と考えた人もいれば、「ムハンマドが描かれているからやはりイスラーム教徒に対する侮辱」と考えた人もいただろう。それはイメージを見ればこと足れりと考えているからだ。しかし、イメージに添えられた言葉は、解釈に方向性を与え、意味付けするものであり、けっして蔑ろにしてはならない。「Tout est pardonné」の多義的な意味が分からなければ、このイメージの重層性を読むことは不可能なのだ。

「Tout est pardonné」が「なんでも許される」と解釈されてしまった背景には、「自由」という概念が、近代、日本語に翻訳される際、「勝手」と同義と捉えられていたという状況も思い起こさせられる。ある概念を翻訳する際に一度滑り込んでしまったニュアンスは、時を経ても完全に忘れられることなく、機会を見つけては招かれざる亡霊のように戻って来る。

イメージの文法とその翻訳

イメージが、文化を越えてどのように読まれていく（＝翻訳される）かという問題。たとえイメージが単体で存在している場合でも、同じメッセージを普遍的に伝えられるとは限らない。言葉の場合、文化を越えたとき、それが翻訳されたものという意識を読むほうは持っている。しかしながら、イメージというものは、翻訳なしに、どこでも同様に鑑賞できるものと考えられがちだ。

実際にはイメージにも当然ながら文法があり、その文法を知らない者には読み取れない部分もあるわけで、そのせいで不快感や生理的な拒否感が引き起こされうる。日本のマンガは今でこそフランスでも広く受け入れられ、子どもから大人にまで読まれるようになったが、長い間、暴力的だと捉えられてきた。その理由のひとつとして、内容のみならず、日本のマンガのヴィジュアル文法に西欧の読者が慣れていなかったこともあるだろう。

また、シャルリ紙の作家が用いている「開かれた線」（リーニュ・ウヴェルトゥ）（ヘタウマにも似た画風で、手書きで早い筆致を特徴とする）は、美しさよりも醜さ、汚れ、恐れの感情などと近しい。

その画風自体が反抗的な精神を象徴し、風刺や社会批評、ブラックユーモアなどの作品に使用されてきたため、この絵柄に初めて触れる者は、たとえその内容に何も読み取れなくても、嫌悪感を抱いてしまうことも十分ありうる。

あるイメージに定期的に触れ、その文法に慣れたとき、生理的な拒否感は消え、他の読み取るべき細部が現れてくる。

そういった意味においては、シャルリ紙のような、その文法を知らない場合には読み取ることが困難な画風が世界中に流通したとき——たとえムハンマドの絵ではなくとも——不快感が引き起こされてしまうことは十分予測できた。

曖昧であることの意義

シャルリ紙の表紙は、解釈の多様性という点から示唆的であったといえよう。先述したように、「Je suis Charlie」と「Tout est pardonné」という2つの言葉、そして泣いている男のイメージ。それら3つの要素からなる単純な表現が、多様な解釈を許している。言葉は曖昧であり、事件は複雑である。とはいえ、これだけの意味を1つの絵に担わせる必要があるのか、という意見もあるかもしれない。この絵は、あらゆる解釈に対して開かれすぎるほど開かれている。

しかし、曖昧であること、どのようにでも解釈できること自体が、イスラーム過激派に対する痛烈な批判になっていると私には思われる。原理主義というものが、テキストに対し1つの解釈しか認めない思想で、他の解釈の可能性を徹底的に排除していくという運動であるなら、それに抗するときに効果的なのは、相対する唯一のメッセージを打ち出すということよりも、むしろ、限りなく開かれたイメージを生み出すことだ。その意味で今回の表紙は、かつて彼らが描いていたムハンマドの風刺画の何十倍も、彼らが批判の対象と見なしてきた相手に対する適切な批判になっていると思われる。

すべては言葉の問題

この表紙で飾られた号が出版された後、イスラーム世界の多くで批判と抗議のデモが行われ、死者まで出す結果となった。この時期にあえてまたムハンマドの表象行為を行うのは挑発に過ぎない、という批判はフランス内部でもあった。

興味深かったのは、その抗議を行ったあるイスラーム教徒団体の声明だ。彼らによると、今回の表紙は、「預言者に実際には言わなかったことを言わせているのは許しがたい」というのであった。そうなると、もはやイメージだけの問題ではない。その団体の主張に従えば、図像でなくても、「預言者ムハンマドはかく語りき」と言葉で書かれただけであっても、それは許しがたい行為になってしまうからだ。ことはラシュディの事件と同じように、文学の、そしてまたしても言葉の問題なのだ。それは、イスラームという宗教、そしてその政治的な部分の重さゆえに、私たち作家も見逃してしまいがちな側面である。

やはり、すべては言葉の問題であり、文学のまわりを巡っているのである——そのことを、書き手や作家こそが示していくべきだろう。

発禁処分される／自主規制する作家

シャルリ・エブド事件の後、日本では「表現の自由を掲げるフランスと、それに対するイスラーム世界の反発」という図式に陥りがちであった。しかし、ここでいう表現をしている人物とは誰なのだろう。表現の主体は常にフランス人、西欧人で、イスラーム世界の人間には表現の手段がないというのだろうか。

チュニジア生まれの精神分析家であるフェティ・ベンスラマは──ムハンマドのカリカチュアをデンマークの日刊紙からシャルリ紙が転載してイスラーム世界に大きな反発を招いた2006年──「冒瀆する羊」というタイトルで講演を行った（『現代思想』2006年5月号掲載、佐々木中訳・解説）。そこではイスラーム文化圏に住む知識人やアーティストが、作品の発禁処分を受けたり、彼ら自身が殺害されたりした例が挙げられている。『悪魔の詩』の著者として有名であるサルマン・ラシュディにとどまらず、古典の『千一夜物語』を印刷・出版しただけで罪に問われたケースもあり、こうした例は数限りない。

「イスラームに理解を！」とか「過激な表現には制限を！」というのは簡単だろう。しかし、彼らの苛酷な現実から目を逸らし、イスラームからの時に理不尽な要求に聞く耳を持つ態度を見せれば、現在イスラーム文化圏で多くの検閲や投獄、生命の危険に晒されながら自由な表現を求めている知識人たちの首を、さらに絞めてしまう状況を作る可能性だってある。ある国で起こっていることは、他の国に何らかの影響を与えずにはいないのだ。

実際、今回の事件の後、ヨーロッパでは芸術の各分野においてイスラーム世界を題材にした作品の自主規制が始まっている。イスラモフォビア（嫌イスラーム）ゆえというわけではなく、イスラーム側から攻撃されないように、という考えからである。それは、シャルリ紙の風刺画の不掲載や展覧会の中止などにとどまらない。

たとえば、イスラーム過激派の支配下におかれた現地住民たちの生活を描き、イスラームの名による暴力の行使や自由への弾圧を告発したアブデルラフマン・シサコの映画『トンブクトゥ』は、映画館がテロに巻き込まれてしまう危険性があるということから、フランスやベルギーの多くの場所で上映中止になった。また、若きイスラーム教徒がカトリックに改宗するというテーマの、シェイエンヌ・キャロンの映画 *L'apôtre*（使徒）の上映もナントで中止された。

そして、アルジェリア系のフランス人アーティストであるズーリカ・ブーアブデッラーのインスタレーション作品《沈黙》は、空間一杯に敷かれた礼拝用絨毯の上に、白いパンプスが、まるで存在しないものとされている女性の足跡のように置かれている作品だが、これが展示されるはずだったグループ展では、アーティスト自身の要望で撤去されている。2007年以降数多くの場所で展示されてきた作品だったのだが、今回の展覧会の開催直前に、クリシーのイスラーム教徒協会が、この作品が契機で事件が起きたとしても関知しないという内容の通知を彼女に伝えてきたからだ。

なお、ロンドンのヴィクトリア＆アルバート・ミュージアムは、ムハンマドを表象した絵は1枚も所蔵していないという虚偽の証言をしたことを認めた（現在、そのミニアチュールはデータベースから外され、展示もされていないという）。

《私はシャルリ》という掛け声ばかりが勇ましく響くけれど、その裏では多くの作品が撤去や自主回収されている。この傾向は事件のインパクトが収束するまでの一時的な現象であるというふうに信じたいが、実際のところ、そうはならないだろう。

移民や亡命者やLGBTと表現の自由

フランスにおける作家や美術家、または演劇関係者や知識人など広い意味での表現者には、移民や亡命者も数多く存在する。そのなかにはもちろんイスラーム文化圏出身の芸術家も沢山いる。先ほどのズーリカ・ブーアブデッラーのように——アルジェリア出身で、しかも女性という——母国では制作困難だったに違いない作家が、表現の自由の国フランスにいるにもかかわらず、イスラーム教徒の要望に応じて作品を撤去せざるをえない状況に陥っているという事実は指摘しておくべきだろう。

私の友人には、テヘランの同性愛者についてドキュメンタリーを撮ったために逮捕された若いイラン人女性監督がいるし、自分が出演している劇場に爆弾を仕掛けられたアルジェリア人俳優や、当局の盗聴・監視下にあるイラン人政治学者らがいる。さらに、芸術家に限らずとも無神論者であったり同性愛者であったりすることを公表したがために命の危険に晒され、フランスに逃れて来た人も少なくない。

フランスとはおそらく、表現行為に関わる人間だけではなく、多くの人間が、「ここに亡命できなかったら死んでいたかもしれない」友人や知り合いを実際に持っている国なのだ（今回の一件で母国での悪夢が甦ったというふうに語る人も多い）。

シャルリ・エブド事件後、「表現の自由」の侵害に対してすぐに強固な反対の声が上がったのは、そういった現実を反映しているのだろう。

表現の自由、特に宗教に関するそれを保障する国は、ヨーロッパでも多くはない。「西欧という強者」どころか、少数派の弱者である。そしてフランスにおいても、ここまで見たように、表現の自由は常に声高に主張しないとすぐに守られなくなってしまう、脆弱な権利だ。だからこそフランスは、芸術家、知識人という、絶対的マイノリティの亡命先として選ばれてきたのだろう。

表現の自由とは、イスラーム文化圏、さらには中国、カンボジア、チリ、ハイチ、バルカン諸国、アフリカ大陸諸国からフランスに逃れて来た人たちのために——というよりも彼らのためにこそ——あるのだし、彼らとの連帯においてこそ守られねばならない概念なのではないだろうか。

せきぐち・りょうこ　作家・翻訳家。東京生まれ、パリ在住。フランス語と日本語で著作活動を行う。主著に *Ce n'est pas un hasard*、*Manger fantôme*、『機』（吉増剛造との共著）。訳書にラヒーミー『悲しみを聴く石』、シャモワゾー『素晴らしきソリボ』など。

ウエルベックの涙

野崎 歓

　新年早々パリで起こった事件の第一報に接したとき、シャルリ・エブド紙の最新号の表紙に描かれているのがまぎれもなく、小説家ミシェル・ウエルベックの戯画であることを知り、ぞっとした。一瞬、これまでウエルベックがイスラームについて発してきた、必ずしもポジティヴとはいえないメッセージに対する報復の意味をもつのかと思ったのである。同時に、テロリストによって編集部が襲われたまさにその日に、ウエルベックの新作小説『服従』が刊行されたことも知った。フランスがイスラームに屈服する状況を描いた近未来小説だという。襲撃の犠牲者には『ウエルベックと経済学』の著者で作家の友人でもあるベルナール・マリスも含まれていた。事件、そして友人の殺害にショックを受けたウエルベックは新作のキャンペーンをすべて打ち切りマスコミの前から姿を消した。その際の最後のインタビュー映像を見ると、「あなたはシャルリですか？」と問いかけられて、作家は《私はシャルリ》と呟いていた。うっすらと涙をにじませたその表情に胸ふさがる思いがしたが、シャルリ擁護の大合唱にこの人までも加わるのかと驚きもした。とにかく直ちに『服従』を取り寄せた。

　やがて明らかになってきたのは、フランスと日本での事件に対する反応の大きな差異である。日本ではテロリストへの非難にもまして、イスラームを揶揄するシャルリ紙の姿勢を問いただす声が強まっていった。表現の自由の行き過ぎに疑問を投げかける論調が目立った。進歩的と目される作家や芸術家もほぼ口をそろえて、シャルリ紙の過剰さをいさめていた。これはフランス国内の報道や識者の意見にはほとんど見られないことである。事件の次週、シャルリ紙がふたたびムハンマドの戯画を表紙に刷ったのには驚かされたが、フランス人たちのあいだからはそれをいさめる声は出なかったのではないか。ところが多くの日本人は、そういう対決姿勢にある種の行き過ぎを見ずにはいられない。私自身、懊悩しながらも徐々に、そうした日本の世論にも道理があるという気がしてきた。

　そこにはおそらく、「自粛」が習い性となっているわれらのメンタリティがはしなくも露呈しているのかもしれない。表現の自由においてはわずかな譲歩も大きな後退になるとする論調がフランスでは主流のように見える。三歩進んで二歩下がるなどという妥協性とは無縁の「共和国行進〔マルシュ・レピュブリック〕」の徹底した進歩主義に改めて感服すると同時に、空恐ろしさも覚える。大昔に読んだ、「共和国市民たらんとするなら、フランス人よ、あと一歩だ……」というサド侯爵の檄文がよみがえってくる。

　「この不愉快な宗教の馬鹿馬鹿しい教義、おそるべき秘蹟、奇々怪々な儀式、実行できないような道徳などを注意して吟味してほしい。そうすればこの宗教が果たして共和国にふさわしいものであるかどうか、諸君にはすぐわかるであろう」（澁澤龍彦訳）。

ここでやり玉に挙げられているのはもちろんキリスト教である。国教としてのキリスト教を廃し、宗教に立脚した統治を転覆した点で、フランス共和国はサド侯爵の夢をかなえた。しかし今日、共和国にはサド侯爵の思いもよらなかったことに、別の一神教を信奉する市民の数が増加している。その彼らの宗教に対し、こうした全否定の言辞を投げかけ、共和国の純粋さを護持しようとしても到底不可能である。それでは2つの原理主義、つまり宗教的な原理主義と、自由の原理主義が激突するほかはない。その結果広がるのは荒廃のみだろう。

しかしながら、共和国市民の立場で考えれば、そこには激突するに足るものがあるということになるのか。彼らにとってみれば、画像の禁止が端的に示すとおり、イスラームの教義は「禁止」の精神そのものである。しかし、あらゆる人間の自由を根幹に据えた共和国精神は「禁止」を禁じる。では、禁止の禁止はどこまで貫徹すべきものなのか、しうるものなのか？ おそらくは脱宗教性と多文化の共生と、いずれもを同時に選び取ること以外に、21世紀の共和国のとりうる道はありえないだろうと思えるのだが。

『服従』を、大いに不安を覚えながら読み出した。『素粒子』や『地図と領土』を夢中で読み、訳した人間として、ウエルベックの筆力、構想力を高く買っていることはいうまでもない。しかし同時に彼が社会に立ち向かう姿勢、その捨て鉢で破れかぶれなところには時として、憎しみや怨み、否定的感情を煽りたてようとする部分があるのも確かだ。『地図と領土』の彼は何か透明な諦念に達したかのようだったが、新作は一転してふたたび、現代の危機的状況とストレートに切り結ぶ内容なのだろうか。『プラットフォーム』（2001年）終盤のイスラーム過激派によるテロの描写は、翌年に起こったバリ島爆弾テロ事件の予言とさえ思えた。このたびの作品ではいったい何が起こるのか。

「わが痛ましき青春の歳月をとおして、ユイスマンスはつねに仲間であり、忠実な友であった」。冒頭から浮かび上がってくるのは、これまでの作品と同じ、孤独で満たされない、愛なき男の人生である。そして幻滅した男の個人的ケースが、フランスおよび西欧全体の疲弊、衰退と二重写しにされる点にも変わりがない。近未来のフランスでは国民戦線の支持率をしのぐ政党が存在しなくなり、他方、イスラーム博愛党なる政党が着実に地盤を築いていく。そして2022年、マリーヌ・ル・ペンが大統領になることを防ごうとする他の政党の思惑が一致して、ついに史上初のイスラーム系大統領が選ばれる。市民は一種、麻痺したような無感覚さでイスラームの勝利を受け入れる。大統領は驚くべき知性と国際感覚の持ち主で、イスラーム諸国から資金がふんだんに供給されてフランス経済はたちまち好転する。教育がイスラーム化され、イスラーム教徒以外は教職につけないこと、そして女性はヴェールで髪を隠さなければならないことのみが大きな変化だが、市民からは特に不満の声も上がらない。

そうした展開が、不思議なほど静かな筆致で淡々と描かれていく。イスラーム嫌悪の声高な、激越な表現があるわけではない。浮き彫りになるのは、ユイスマンスに強い共感を抱く主人公の内的な空虚、絶望の軌跡である。ユダヤ人の恋人は状況の変化に怯えてイスラエルに去る。パリ第3大学教授の職を失った主人公は（但し年金はたっぷり出て生活には困らない）、精神の空漠に耐えかね、ユイスマンスゆかりのリギュジェ修道院を訪れる。しかし修道院が禁煙であることに我慢できず、パリに戻る。そして現在ソルボンヌ学長となった旧知の人物に復職をもちかけられる。イスラームに改宗し、地位にふさわしく複数の妻を娶って幸福な家庭を築いている学長の様子に打たれ、とうとう主人公も改宗を決意するのである。

そんな物語を読みながら、胸の内が徐々に安らいでいった。ウエルベックを研究する大学人（すでに国際シンポジウムも開催されており、参加者にはイスラーム圏出身者も含まれていた）には、19世紀文学専門家が多い。それは19世紀の抱え込んだ問題が未解決のまま現在に至っているというウエルベックの確信を、共有するがゆえだろう。伝統的価値を失った世界を蝕む孤独とペシミズムにどうあらがうのか。危機の真の原因は、イスラームの台頭や移民の増加ではなく、西欧社会そのもののうちにあることを、作家は容赦なく炙り出す。だからといって、教義への服従――イスラームの語源は「神への服従」だ――はありうるのか。皮肉で自虐的なユーモアを込めて、一種の思考実験としての物語が紡がれている。

貴重に思ったのは、作中で主人公がふと洩らす「結局のところ私は、この宗教のことをよく知らないのだ」というせりふである。その認識こそは、原理と原理の対立図式を越えていくために必須のものではないか。フランス人は（そして世界は）もっとイスラームについて知らなければならない。そしてイスラーム側ももっと対立を越えるための姿勢を打ち出すべきだろう。テロ事件はむしろ対話強化のきっかけとなりうるのではないか。

とはいえ、先日久しぶりにメディアの前に姿を現わした作家はいきなり「我々には火に油を注ぐ権利がある」などと口ばしって、こちらの心胆を寒からしめてくれたのだが……。

フランスの共和政など結局は百年少ししかもたなかった、宗教に服従してきた歴史のほうがはるかに長いのだ。そんな一節が『服従』にある。しかしいま明らかになったのはまさに、共和主義を鍛え直し、バージョンアップすることの必要性なのである。これから文学や映画にも、果たすべき大きな役割があるだろう。1月末の世論調査によれば、イスラームと共和国の共存は可能だとする回答は意外にも1年前より10パーセント増えて47パーセントだという。「共和国市民たらんとするなら、フランス人よ、あと一歩だ」。新たな共和国精神の生成を信じたい。

のざき・かん　1959年生まれ。東京大学大学院人文社会系研究科・文学部教授。フランス文学、映画論。著書に『フランス小説の扉』、『異邦の香り――ネルヴァル『東方紀行』論』、『フランス文学と愛』、『翻訳教育』、『アンドレ・バザン――映画を信じた男』、訳書にバザン『映画とは何か』（共訳）、ウエルベック『地図と領土』など。

たった3秒のラップ
ル・クレジオの言葉とともに考える

陣野俊史

「動画」から紡がれる言葉

シャルリ・エブド襲撃事件の後、初めての日曜日（2015年1月11日）にフランス全土で370万人もの人がデモ行進を行ったことは既報のとおりで、その前後で発された言葉でもっとも印象的だったものが、ル・クレジオのル・モンド紙への寄稿文だった。

デモに参加しようとする娘に向かって、穏やかだが断固とした口調で、ル・クレジオは、事件の加害者であり、警察との銃撃戦で死亡した3人の存在を強調する。

「フランスで生まれ、育った3人の暗殺者たちは、彼らの罪の野蛮さによって世界を震撼させた。だが、彼らは野蛮人ではない。彼らは、私たちが毎日、学校やメトロや、日常生活で接触するかもしれない人々だ。人生のある地点で、犯罪へと傾斜してしまった。悪い付き合いのせいであり、学校での失敗のせいでもあり、彼らに居場所のない閉鎖的な世界しか、取り巻く環境が提示することができなかったからでもある」（2015年1月14日付、ル・モンド紙）。

ル・クレジオの短い文章で印象的なのは、一度も、実行犯の3人（クアシ兄弟とクリバリ）を普通の人と呼んでいないことだ。彼らのことを、私たちの日常でも接触したかもしれない人、として語るだけ。

「ゲットーを壊し、扉を開け、この国に住む一人ひとりに、チャンスを与え、その声に耳を傾け、彼らが他人から学んでいるのと同じように彼らから学ばなければならない」とも語っている。しかし、一度も「普通」と形容しない。

ル・クレジオは、周到に彼らをめぐる硬直した言説を避けている。いわく「フランスの社会に同化できない者たち」「さまよえる郊外の若者」「移民二世・三世の失業者ども」等々……。紋切型の言葉がいっさいないところで、ル・クレジオは書いている。見事というほかない。

ル・クレジオと同じく私も彼らのことが最初から気になった。やや庶民的な面影もあるパリの中心地の路上で、カラシニコフを乱射しながら犯行現場に近づいていくサイードとシェリフのクアシ兄弟。ユダヤ系スーパー「イペル・カシェ」に人質をとって籠城したアムディ・クリバリ。なかでも私たちの視線を釘づけにしたのは、弟のシェリフ・クアシだった。

世界中に配信された、あの容疑者の動画。赤いキャップを逆向きに、つまりツバ部分を後頭部のほうに回して被り、軽快なステップを踏んで、ラップしているのが、誰であろう、シェリフ・クアシだった。そして、あの、ほんの3秒のラップの画像が撮影されたのは、2005年のことだった。2005年とラップの結びつきの件は、ひとまず措こう。

パリ郊外のサッカー少年

週刊誌ヌーヴェル・オプセルヴァトゥールによれば、クアシ兄弟は1980年と82年、

パリに生まれている。郊外で育つ。94年から2000年まで生活困難となった子供たちを受け入れる施設に入っている。

　それ以前の、兄弟の幼年期を伝える記事（「ルポルテール」のウェブ記事）によれば、母親は食費を賄うだけの金がなく、そうした家庭に対して社会的援助を行っている福祉事務所を訪ねてきたこともなかった。事務所で兄弟のことを気にかけていた女性は、クアシ兄弟は父親のことをほとんど知らず、二人の父親もたぶん違っていただろう、と話す。シェリフをユーロディズニーに連れて行ったことがあり、彼は大喜びしたが、その数か月後、シェリフがいつものように午後学校から帰ると、アパルトマンの一室で、母親が死んでいるのを発見した。オーヴァードーズだった。自殺と判断された。母親は娼婦で、「月末をやりすごすために歩道に立つ必要もなくなった。6番目の子どもを妊娠していたのかも」と、当時、近隣の女性は語ったという。

　兄弟は孤児になった。サイードが12歳、シェリフは10歳だった。転居して、住み慣れた場所を離れた。

　前掲ヌーヴェル・オプセルヴァトゥール誌の、兄弟に関わる記述の中で無視しがたいものがひとつ。「二人は、学校よりもサッカーにより多くの情熱を抱いていた。ASシャンベルトワーズの監督アラン・ラスコーは、二人のことをよく覚えている。『6年間、毎週、水曜と土曜の午後、私たちのクラブで、二人は練習をしていました。シェリフのプレイはわるくなかった。17歳のとき、リーグの昇格試験も受けたはず』。彼のチームメイトの一人は、サン・ジャン・デ・リュズで行われた、ジャン＝ミシェル・ラルケから受けた講習のことを話した。『朝、かつてのフランス代表だった選手が、ピッチ上で、オレたちを名前で呼ぶ幸福な暮らしを送ったんだ！　シェリフは、2週間で、チームの最高選手になった』」。

　ジャン＝ミシェル・ラルケは往年のフランス代表選手だが、そんなことよりも、兄弟が6年間、週に2回、サッカーに打ち込んでいた事実には、胸が塞がれる。サッカーは兄弟に対して、希望の道を照らしてはくれなかった。

　ボールを蹴ることに熱中し、大量のラップ・ミュージックを聴き続けた青年期を経て、シェリフは徐々に犯罪に手を染めていく。その暮らしのなかで過激なイスラーム主義と出会う。そこに希望を見ていたのかどうか、いまとなっては不明だ。だが、ちょうど10年前、楽しそうにラップする彼の、数秒間の動画を繰り返し見ていると、ラッパーたちがこの事件に対してどのような思いを抱き、行動しているのか、気にならないほうがおかしい。

風刺画よりもラップの世紀

　10年前の2005年の秋、フランスでは郊外を中心に「暴動」が起こり、その責任の一端がラッパーに押しつけられたこともあった。

　では、今回はどうか。

　どうも反応が鈍い。理由の一つに、風刺画のシャルリ・エブド紙と、ラッパーたちの関係があまりよろしくない、ということがある。2013年、映画 *La Marche* の音楽のために提供した楽曲のなかで、

若手のラッパー、ネクフが「ろくでなしどものシャルリ・エブドには火刑を望む」と歌ったことがあった。今回、ネクフは自身のフェイスブックで後悔の念を表明したが、炎上。そもそもイスラーム教徒が多いラッパーたちは、シャルリ・エブドへのシンパシーが薄かったようだ。「9・11」の直後、イスラーム教徒であることを恥ずかしく思ったとラップしたこともあるアブダル・マリックは、フランスの大規模デモの際、フランス2（テレビ局）のスタジオにいて、イスラーム教徒がいかに傷ついたか、熱弁をふるっていた。

マルセイユの代表的なラッパー、IAMのイモテップだけがル・モンド紙に寄稿し、自説を述べた。政治家もラッパーも宗教指導者も襲撃事件が起きないように全力を尽くしてきたとは言えない、病巣は社会全体に広がっている、と語った（この言葉自体は、何も語っていない……）。

もっとも注視されているのは、メディーヌというラッパーだろう。彼は事件の1週間前、ちょうど新曲を発表したばかり。タイトルは「ドント・ライック」。宗教的なパンチライン（得意とする言い回し）を特徴とする彼は、サビの部分でこう歌う。「マグレブ出身のあんたの髭、この国じゃ好かれないぜ、オレの妹のスカーフ、この国じゃ嫌われる、あんたの黒い信仰もこの国じゃダメだ、ご婦人と紳士のカップルもこの国じゃ好かれない、みんな天国へ行こう、天国へ行こう、天国へ行こう……」。Don't like と Don't laïk が二重の意味を含んでいて、後者の意味は、「ライシテしない」つまり、「宗教色を捨てない」という歌意と解釈できる。言い換えれば、フランスのライシテ（世俗主義）を皮肉るようなリリックになっているが、その歌のなかで批判にさらされているエッセイストは、こう反論する。「メディーヌのファンたちが全員、原理主義とは遠いところにいるとはいえ、彼らの中にも、アイデンティティの危機を抱えた若者はたくさんいる。ただ、NTMの時代とは違って、メディーヌの怒りは、進歩主義的ではない。それはとても反動的だ」と。

一理あると思う。ラッパーたちは、この状況下で、決定的な言葉を生み出せていない。1995年、NTMのジョエイ・スターが「何を待っている？」という曲のなかで歌った、《エリゼ宮に行って年老いた政治家を燃やそうぜ》というリリックと同じインパクトを持つ言葉を吐きだすことができていないのだ。

1月19日付のル・モンド紙では、ラップに詳しい批評家のステファーヌ・ビネのインタビューに、インディペンデントなラップを代表するラ・リュムールがこう答えている。「この数日の間に起こった事柄は、創造したいという欲求を増大させるだろう」と。

シェリフ・クアシを惹きつけたような激しいラップの言葉——ラップの紋切型を突き抜けるようなリリック——が誰の口から生まれるのか、注視して待ちたい。

じんの・としふみ　1961年生まれ。文芸評論家、フランス文化研究者。著作に『フランス暴動　移民法とラップ・フランセ』、『サッカーと人種差別』など。訳書にヴィオレーヌ・シュッツ『ダフト・パンク　テクノ・ファンクのプリンスたち』ほか。

どこにでもいる人
「パリ移民映画」にみる階層

清岡 智比古

　2012年に日本公開された『最強のふたり』は、フランス映画としては異例のヒット作となった。障害のある初老の男性と、彼の介護を担当することになった青年の物語は、しかし、前者がサン＝ジェルマン＝デ＝プレの超豪邸に住むヨーロッパ系白人で、後者が、パリ郊外の低家賃住宅に住む、犯罪歴もあるセネガル系移民であったために、ありえないようなドラマを生むことになる。なぜありえないのか？　それは彼らが、出会うはずのなかった二人だから。なぜ出会うはずがなかったのか？　それは彼らが、別々の階層に属しているから。そしてこの異なる階層は、パリの空間的編成に置き換えられて、観客に提示されることになる。

　パリは、多くのヨーロッパの都市と同様、城壁都市として発展してきた。ローマ時代以来6度、パリは成長とともに城壁を「脱皮」し、19世紀には現在の大きさになる。そして20世紀後半、この前世紀の城壁の跡地に環状高速道路が建設され、今はそれが、パリの境界を形作っている。全周が35キロメートルというのは、ほぼ山手線と同じだが、それが電車でなく高速道路であるため、心理的分断の気配はより濃厚だ。

　初老の男性と青年は、この境界の内と外の人間だった。前者は富豪であるばかりでなく、ヴィヴァルディ、アポリネール、そして現代美術やオペラを愛好し、スカイダイヴィングを趣味としている。一方後者は失業者で、高等教育を受けておらず、アース・ウィンド＆ファイヤーを愛し、母親は掃除婦、弟は麻薬ディーラーの使い走りだ。

　フランスが「階層社会」であるとは、よく耳にする言葉だろう。しかし、日本のような非階層的な社会に暮らしている人間にとって、この感覚は捉えがたい。ル・クレジオは、あの370万人のデモに参加した娘に宛てた手紙の中で、この点に関連してこう書いている、「文化の恩恵も、社会的成功の機会も」与えられていない人々がいるのだと。預金残高や生活空間はもちろんだが、この2点こそ、階層を隔てている厚い、そして見えにくい壁なのだ。『最強のふたり』が、痛烈でありつつ優しさをまとっていたのは、二人の人間が、自然に、互いの文化価値を取り込む姿が描かれていたからだ。富豪は郊外的な隠語をその語彙に追加し、青年は溶ける時計の絵を俎上に載せる……。こうした状況をファンタジーと呼ぶのか、遂行的なメッセージと受け取るのかは、あなたしだいではあるけれど。

　そして去年の暮、つまりシャルリ・エブド紙が襲撃される2週間ほど前に、『サンバ』という映画が日本公開された。この作品は、『最強のふたり』を撮ったコンビによる最新作なのだが、両監督はここでもまた、パリの厳しい現実を生きる移民たちを登場させることを選んだ。

　セネガル系移民サンバは、皿洗いをしながら故郷に仕送りを続けている。ようやく10年経ち、やっと10年有効の滞在許可証――通常なら認められるはずの――を

申請するも、彼が受け取ったのは、国外退去命令だった。

そして彼が、メトロ5号線終点のボビニーで出会ったウィルソン。彼は自称ブラジル系だが、実はアルジェリアのオラン、『ペスト』の舞台でもある港町の出身だ。だってさ、ブラジル系って言ったほうがウケがいいから！　彼は笑顔でそう嘯くが、実際、彼がブラジル系だという理由で接近してくる女性さえいる。

この二人、サンバとウィルソンを演じるのは、『最強のふたり』で郊外に暮らす青年を演じたオマール・シーと、『預言者』（2012年）で不穏なアラブ系フランス人を演じたタハール・ラヒムだ。ではこの二人の現実の姿はといえば、オマールの父親はセネガル系で、母親はモーリタニア系。ただし両親は国籍こそ違え、ともにフラニ族であり、だからオマール自身も、あるインタヴューにおいて、自分のフラニ族的、つまりノマド的資質について語ったことがある。そして彼の愛、彼自身の生まれ故郷である、ヴェルサイユ近郊の町トラップ、この境界の「外」の町への愛をも、彼は隠そうとはしない。

一方、タハールの両親は（映画内のウィルソン同様）オランの出身だ。ただやはり彼の場合も、本人が生まれたのはスイス国境に近いベルフォールであり、つまりオマールもタハールも、移民系の出自を持つ、フランス生まれ、フランス育ちのフランス人だということになる。

シャルリを襲ったクアシ兄弟も、その翌日にユダヤ系食料品店に立て籠もったアムディ・クリバリも、二人の俳優同様、移民系の両親を持つ、フランス生まれ、フランス育ちのフランス人だ。

『ルポルテール』（1/15付）によれば、アルジェリア系であるクアシ兄弟は、パリ19区、オーベルヴィリエ通りで子供時代を過ごしたという。5分歩けばパリの「外」に出るその界隈は、当時は貧しい「ゲットー」だった。そして泣き虫でおとなしかった兄と、にぎやかでいたずら好きだった弟にとって、この時代は過酷なものになる。父親は行方不明。5人の子供を抱え、彼らの給食費さえ払えなかった母親は、しかし「手当を申請するタイプ」ではなく、娼婦となる道を選ぶ。そしておそらくは6人目の子供を妊娠していた時、ついに自殺。学校から帰ってきた小学生の兄弟は、そうした母親の姿を目にしてしまう……。その後は兄弟は、フランス西部のレンヌの孤児院に送られるが、長じてパリに戻ると19区に部屋を借り、ゴミ収集や、飲食店の店員などをして、糊口をしのぐようになる。

この兄弟が小さな犯罪に手を染め、やがては過激思想にのめりこんでゆく背景には、こうした個人的経験を含む、アラブ系移民二世という「階層」に関わる事情もあったにちがいない。この事件後、リュック・ベッソンが「わが兄弟」に語りかける形で発表した通り、この世界は、「金銭、利益、階層分離、民族差別」の上に組み上げられ、兄弟たちはそこで、「肌の色や名前」ゆえに疎外され、狭いムスリム住宅に押し込められ、その声はどこにも届かないのだから。そして「子供であろうと動物であろうと、食べ物も愛情もなく、何か月間も縛りつけておいたとしたら、彼はついには、誰かしらを殺すことになるだろう」

から。こうした意味で、ブラジル系だと偽ったウィルソンは賢かったのだろう。女性にもてたからではない。人を殺すところまで追いつめられなかったからだ。またル・クレジオも、すでに引用した手紙の中でこう語る、「殺人を犯した3人は［…］、高校で、メトロで、日々の暮らしの中で、わたしたちがいつもすれ違っている人間なのだ。［…］彼らに差し出された世界に、彼らの居場所はなかった。彼らはもはや、自分の運命の完全な主人でさえなかった……」。そしてグローバリズムは、強欲な新自由主義者の専売特許ではなく、虐げられた人々においても成立する。クアシ兄弟は、中東の組織と繋がったのだ。

もう一人、ポルト・ド・ヴァンセンヌのユダヤ系食料品店に立て籠もったアムディ・クリバリは、マリ系の両親のもと、パリ南郊グリニーで生まれた。10人兄弟中、唯一の男の子だった。彼は麻薬売買などで収監された際に、シェリフ容疑者と知り合うことになる（彼がモンルージュで殺害した26歳の女性警官は、仕事を求め、マルチニックから家族と渡仏、パリ19区に暮らしていた）。

この事件に関しては、もう一人のマリ――今もフランス軍が駐留する――系の人物、ラサナ・バティリーの名を記憶にとどめたい。ユダヤ系食料品店に勤めるムスリムである彼の機転のおかげで、事件当時店にいた客たちは、難を免れることができた。彼は、ムスリムもユダヤ人も関係ない、自分は「人間」を救いたかっただけだ、と語っている。1月20日、彼にはフランス国籍が認められた。

あまり知られていないことだが、『最強のふたり』の監督の一人、オリヴィエ・ナカシュはユダヤ人である。そして、女優として活躍していた妹のジェラルディンも、2010年、初めての監督作『きらきらしてる』を発表した。パリ郊外ピュトーを舞台にしたこの作品は、パリの「内」に憧れる二人の少女を描いていたが、彼女らはそれぞれ、アラブ系とユダヤ系なのだ。二人は激しい喧嘩もする。しかしそんな場合でも、互いのバックグラウンドが問題になることは一度もない。

370万人の行進、そして《私はシャルリ》という「過度の同化」（トドロフ）は、つまるところ、「フランス国民」というアイデンティティ神話を再興しようという試みに見える（しかしもしアイデンティティというなら、いくつもの偽名を使って働き続けるサン・パピエたちのほうが、より切実な問題を抱えているとも言えるだろう）。また、ヴォルテールや大革命の理念を持ち出せば持ち出すほど、「表現の自由」は、21世紀の文脈から遠ざかってゆくように感じられる。

事件の3日後、20歳の頃にフランス国籍を得たヴァルス首相は、「ユダヤ人のいないフランスは、もはやフランスではない」とコメントした。彼には、新しいフランスのアイデンティティが見えているのだろうか。

きよおか・ともひこ　1958年生まれ。明治大学理工学部・総合文化教室教授。主な著作に『エキゾチック・パリ案内』、『混成世界のポルトラーノ』（共著）、『パリ移民映画』（近刊）など。

病めるフランス共和国
なぜ彼らはジハーディストになるのか

飛幡 祐規

シャルリ・エブド事件には一言では語れない複雑な背景があり、さまざまなパラドックスと無理解・誤解が渦巻く、混沌とした状況を生み出している。巨大追悼デモでフランス共和国の理念に対する市民の愛着が示された一方で、事件はマイノリティ（とりわけムスリム系）を排除しつづける共和国の病状を露呈させた。この国に住みつづける者として、多面的な事象を丁寧に考えつづけていくことの大切さを実感している。

第1のパラドックスは、実売数3万部の時代遅れのマイナーな風刺新聞が表現の自由のシンボルになり、大勢の人を路上に繰り出させたことだ。長い廃刊期の後1992年に復刊したシャルリ紙は倒産寸前で、かつて彼らが体現した1968年五月革命的なカウンターカルチャーは意味合いを失っていた。しかし、同紙に対する評価がどうであろうと、編集部の殺戮にショックを受けた人々がレピュブリック広場に自然に集まったのは、「画（表現）のために殺されるなんて、絶対にあってはならない」という思いからだった。サルマン・ラシュディに対する死のファトワー以来、世界各地で行われる「冒瀆者」への攻撃や殺人（日本でも翻訳者、五十嵐一氏が暗殺された）が身近で起きたことに対する衝撃は、日本では理解されにくいようだ。

ヴォランスキやカビュがテレビなどでも大衆に親しまれていた風刺画家だった一方、シャルリ紙は反原発を発信しつづけた稀なメディアでもあった。友人の中には泣いた人もいたが、わたしも1度会ったことのあるカビュの人柄が思い出され、彼らが殺戮の対象になった不条理に胸が潰れた。

発端は2005年の秋、デンマークの日刊紙が預言者の風刺画を掲載したことに対する、イスラーム圏諸国や宗教団体の抗議運動だ。フランスにおける「反宗教（アンティ・クレリカリスム）」の長い歴史を受け継ぐシャルリ紙は、1980年代から再び「宗教的なもの」が力を盛り返してきた状況に苛立ったのだろう。「表現の自由の原則は譲れない」と頑なに固執し、預言者の風刺画を載せる挑発を繰り返したのは、「無責任新聞」を自称する彼らのアナーキーな無思慮のせいだろうが、政治的な文脈を読み違えた、文字通り致命的な誤りだったといえよう。

表現の自由は法律で規制されている（差別・憎しみ・暴力の鼓舞を禁止）から、裁判で闘えばよいという論理は、通じなくなった。「神の法の前にはいかなる世俗法も無効」とする考えが国境を越えて、それに従う人々が行動を起こすようになったからだ。1999年以来、イスラーム圏諸国は国連やEUの機関に対して、宗教への「中傷」は表現の自由と両立しない（つまり「冒瀆」の禁止の普遍化）と働きかけている。風刺画による挑発はイスラームの世俗化を拒む宗教勢力やテロ組織に利用される、格好の材料を与えてしまった。テロによって西欧社会内部で亀裂と分断を増幅させることは、まさに

「イスラム国」の狙いである。

　世俗化したカトリックの権威とは全く異なる文脈にあるイスラームについて、これまで通りの「無責任」な風刺は通じないこと、猥褻な性表現や預言者の諷刺画が羞恥心の強いムスリム系の人々に対して象徴的な暴力になるという現実に、シャルリ紙が配慮しなかったのが悔やまれる。弱小の紙媒体であろうと、画像は今日、インターネットで世界じゅうに流布されて幻想・妄想を膨ませるという点にも、彼らは留意しなかった。

　さらに不幸なのは、移民全体を過激なイスラームと混同して敵視する、差別的なナショナリズムが煽られている状況で、シャルリ紙が「非宗教（ライシテ）」について熟慮しなかったことだ。彼らが嫌悪する極右政党の国民戦線は近年、「非宗教」を政策の軸に掲げている。その「非宗教」とは、政教分離と信仰の自由という1905年の法律とは異なり、共和国の理念や風習と相容れない存在として、イスラームを攻撃・排除する内容だ。矛先を向けられているのは国内4〜500万人といわれるムスリム系の人々であり、「アラブ人」と言わずに「ムスリム（＝イスラーム教徒）」と呼ぶことで、民族のかわりに宗教・文化を非難する、ねじれた差別主義である。植民地時代のアルジェリアで使われたこの呼称を復活させたのはサルコジ前大統領だが、彼の任期時代から極右にかぎらず、保守政治家や文化人によるイスラモフォビア（イスラーム嫌悪）の発言がメディアで頻繁に流れるようになった。事件後直ちに、人々の頭に浮かんだのは、「テロのせいで反イスラーム感情が高まり、国民戦線がさらに力を得るのでは？」という懸念だった。

　実際、事件のあとにモスクや祈禱所への攻撃が頻発した。一方で、学校での1分間の黙禱に反発した生徒たちなど、ムスリム系の人々が共和国に疎外されている現実が示された。彼らの多くは元植民地からの移民とその子孫だ。郊外団地など恵まれない環境に暮らし、低所得労働か失業以外の道はほとんど閉ざされ、日常的な差別に晒されている。

　社会から排除されたと感じる人々、とりわけエスニック・マイノリティを「迎え入れる」努力を共和国は怠ってきた。彼らの不満は1980年代から表面化していたが、2005年晩秋に起きた大規模な「暴動」以降も状況は改善されなかった。対策はとられてきたが、抜本的な経済・社会政策が不十分だっただけでなく、彼らに市民としての尊厳を与える、象徴的な措置やアプローチにも欠けていた（オランド大統領の選挙公約だった外国人居住者の参政権や身分検査時の「確認証」の発行は、当選後に忘れられた）。

　政治家は今回もまた「非宗教を教えよ」と強調するが、上から押しつける知識やモラルは真の学びにならないということが、わかっていない。「万民に平等な機会を」という高邁な理想とは裏腹に、生まれながらの不平等を助長するフランスの教育システムは、経済的・文化的資本に乏しい移民系の子どもたちを疎外してきたのだ。旧植民地を含む世界各地の出身の子どもたちが、自分も共和国の一員だと思えるような教育のアプローチ（歴史の教え方、討論の実践など）が必要だと、

歴史学者などが提起している。

　事件のあと、移民系の子どもが多い地区の中学・高校では、預言者の風刺画は侮辱だと言う生徒たちと、時間をかけて話し合う歴史・地理、国語、哲学などの先生たちがいる。子育て・教育についての本を書くにあたって話を聞いた国語の先生も、そのひとりだ。彼女は、フランス社会で「よそもの」扱いされ、親の出身地の歴史とも切り離された子どもたちは、自己肯定感（自己の尊重）を土台にアイデンティティを築くのが難しく、それが学びも妨げると語っていた。感情と欲動にもとづいた若者たちの日常の言語から、他者との対話を可能にする言語への出会いを導く粘り強い作業は、教師だけでなく社会全体に求められていると思う。

　恵まれない環境の若者にかぎらず、現代社会はソーシャルメディアに溢れる感情の言語がもたらす短絡的な思考に蝕まれている。サラフィー・ジハード主義の吸引力は、インターネットをとおして流布されるツイッター言語のせいだと、イスラームとアラブ世界専門家のジル・ケペルは指摘する。ジハーディスト（聖戦義勇兵）になってシリアなどに赴くフランスの若者の4分の1は、「ヨーロッパ系」だ。疎外感に苦しむ若者の一部が非行や原理主義、ジハード主義などにとりこまれる現象には、経済・社会的要因、マイノリティ差別の問題、国際情勢などに加えて、ソーシャルメディアの弊害も影響している。

　さらに、弱肉強食・功利第一のネオリベラル資本主義と、それを支える消費社会が、フラストレーションばかり生み出していることにも目を向けたい。ネオリベラリズムは人間の営みすべてを商品化し、他者と愛情・友情を育む時間を奪って人々を分断し、「自由」を自己中心的な全能感に貶めている。2005年の「暴動」のとき、アメリカの作家ラッセル・バンクスは「人は消費者として以外は自分が社会で何の役にも立たないと感じると、怒り出す。歴史的・思想的語彙を持たないと、その怒りは自分たち自身やそばの人・物に向けられるのだ」と指摘した。不平等を拡大させ、幸福を生み出さず、生きる意味をもたらさないネオリベラル社会は、願望を殺している。願望を殺されると、人は死を望むようになるのではないだろうか。

　最後に、表現・言論の自由や非宗教は、何世紀にもわたる闘いによって勝ちとられた貴重な権利であることを強調したい。多様な歴史と文化背景をもつ人々からなる社会で、これら民主主義の理念（女性やホモセクシュアルの権利も含め）を浸透させ、「共に生きる」を実現するには、一部の先生たちやNPOがすでに実践しているように、時間をかけて対話をつづけることが何より必要だろう。そして、暴力を生む言葉の蔓延を防ぐために、言葉を磨いていかなければ、と思う。

たかはた・ゆうき　1956年生まれ。文筆家・翻訳家。パリ在住。主な著書に『時間という贈りもの』、『それでも住みたいフランス』、『つばめが一羽でプランタン？』。訳書にヤニック・エネル『ユダヤ人大虐殺の証人ヤン・カルスキ』、『エレーヌ・ベールの日記』、シャンタル・トマ『王妃に別れをつげて』など。

一人の日本人ムスリムにとってのシャルリ襲撃

山下　泰幸

　2015年1月7日、夜。私は白い息を吐きながら、パリ・セーヌ河右岸にある、フランス語で「共和国」という名を冠した大きな広場の中で、何時間も黙ったまま立っていた。その日の昼に発生したシャルリ・エブド襲撃事件は、瞬く間に12人もの尊い命を奪った。ツイッターなどのソーシャルメディアを介して自然発生的に犠牲者への追悼が呼び掛けられ、その結果この広場に集まったパリ市民は、3万5000人にものぼる。私もまたその中の一人だった。日本で生まれ育った私にとって「追悼集会」という言葉からイメージされる厳粛な祈りの儀式と、目の前で繰り広げられている光景とはあまりに違っていた。

　市民たちの中には、Je suis Charlie（私はシャルリ）と書かれたプラカードを持っている人びとも多くいた。事件が発生してから7時間余りしか経過していないが、このフレーズは既にソーシャルメディアを通して世界中の人々に浸透していた。インターネットを介して誰もが自由に簡単に、過激派およびその思想にふれることが可能となった現代、特定の組織に在籍することなく、個人が単独でテロを行うようになったとされている。しかし世界中で頻発するテロがそのような新たな段階に入っただけでなく、《私はシャルリ》の世界中への拡散からもわかる通り、テロに対抗するキャンペーンや運動もまた、新たな段階に入っている。

　その日からあらゆるメディアや、フランス中の街頭で、「同化主義的である」との批判も世界中から集めつつある、この《私はシャルリ》というフレーズが示されるようになった。ムスリム（イスラーム教徒）である私が、一人でこのフレーズを目にしても特に何も感じなかったが、非ムスリムである両親とともにテレビを見ていた際にこのメッセージが画面いっぱいに表示された瞬間、私は思わずチャンネルを変えてしまった。――《私はシャルリ》は、確かにムスリムに何かを迫っているように思える。

　ところで当のシャルリ・エブド紙の関係者は、このような世界的連帯の動きに対して満足しているわけではないようだ。同紙の風刺画家で、500万部を売り上げたテロ直後の号にも関わったリュズは、新聞の取材に対して以下のように語った。亡くなった風刺画家たちがもし生きていれば強烈に批判していただろう状況が、テロとの戦いの名の下、現在フランスで発生している。あらゆる「象徴化」の動きに反対してきた同紙が、テロとの戦いの象徴として祀り上げられているのは、「クソをなすりつけたくなる」状況である。――同紙の攻撃的な批判精神は、襲撃されてもなお健在なようである。

　シャルリ紙の原型は、1960年創刊の日本語の「切腹」に由来する「アラキリ（Hara-Kiri）」にさかのぼる。現在まで続く同紙の基本的なコンセプトは、1968年の五月革命の頃に確立された。当時のフランスの雰囲気を多分に反映し、風刺という非暴力的な手段であらゆる既存の権

力を攻撃し、そこから自由であることを目指す、左翼色の強い新聞となった。以来同紙は、長年さまざまな社会的側面において「自由化」が目指される時代背景に即し、反権威主義やアナーキズムの文脈の中で愛されてきた。しかし多くの分野で自由化が達成された昨今の先進国社会においては、ひたすら「自由化」を強調するよりもむしろ、他者の権利を侵害し、民主主義の根幹を揺るがすような「自由の濫用」をいかに規制すべきか、という議論こそがメインになりつつある。そのような意味では、同紙のコンセプトは既に時代遅れになっていた。

レイシズムに代表されるような社会的差別の概念は、その定義上、力の非対称性を前提条件とする。弱者（市民）が強者（権威）に対して表現の自由を用いて攻撃することこそが風刺であって、強者が弱者に対して表現の自由を用いて攻撃した際、それは差別となる。同紙は決してフランスにおけるムスリムの増加や、イスラーム自体への攻撃を意図していたわけではなかったようだが、過激な原理主義や、権威者によるイスラームの利用の仕方を批判する中で、すべてのムスリムたちが信仰を侮辱されたと受け止めてしまうようなムハンマドの風刺画をたびたび掲載した。フランスで暮らすムスリムたちのほとんどは移民やその子孫であり、彼らは社会において、宗教的にも人種的にも、そして職業・学歴・収入の面においても、圧倒的弱者であるにもかかわらず、である。

世界中のニュースやソーシャルメディアにおける事件の語られ方を比較した限り、イスラーム文化圏の国々を除けば、この間に最も同紙に対して批判的な声が多かった国の1つは日本である。まさに今、在日外国人に対するヘイトスピーチの問題が取りざたされ、法規制を望む声も高まりつつあるこの国においては、シャルリ紙の姿を、排外主義団体である在特会などのヘイトスピーチと重ねながら批判する発言も、インターネット上では多く見られた。

しかし極端にシャルリ紙への批判に集中した日本での語られ方に、私は同時に反発も覚えていた。1つには、こうした意見を語る者の中には、「侮辱されたらジハードに走るムスリム像」というような、ムスリムを直接的にリスクとしてとらえる発想が多分に含まれていたからだ。このような発想は典型的なイスラモフォビア（ムスリム差別）を内在している。そしてまた、この事件の本質を表現の自由と宗教への侮辱の問題だけに還元してしまうことは非常に危険である。表現の自由を行使する側とムスリムたちの側を鋭く対立させ、その二項対立だけですべてを説明しようという試みは、排外主義の扇動を行う極右や、テロを指示した過激派組織に資するものとなってしまう可能性がある。実際、この襲撃事件の背景には、例えば犯人たちの出身地はいずれも ZUS（デリケートな問題を抱えた都市圏のこと）に指定されているなど、フランスを取り巻く様々な格差の問題が存在しており、そしてまた、冒頭で述べたようなインターネットを介した過激派たちのプロパガンダをいかに防止するかという問題もある。

しかし私が日本のそのような声に反発を感じた最大の理由は、実はもっと個人的な、私自身の立場に関することが原因であったと今になって感じている。身勝手ではあるが、今回の襲撃事件を表現の自由の非対称性の問題に還元して冷静に分析する声が、私には機械的で無神経に聞こえたからだ。パリはまだ、一方で混乱と不安に包まれており、他方で喪の時間の中にあった。日常生活の当たり前のルーティンの中でテロの標的にされるかもしれない恐怖、スカーフを身に着けていれば報復の名のもとに襲撃される、モスクに行けばまた火炎瓶を投げ込まれるかもしれないムスリムたちの恐怖。属性の違いを超え、暴力への対抗という点で一致し、悲劇を乗り越えようとする市民の祈り。パリはまだ複雑に渦巻く感情の波の中にあり、私自身もまた、同紙の過去の出版物をひっぱり出して批判する余裕はなかった。12人の命が奪われる悲劇に見舞われたシャルリ紙をこのタイミングで批判することはせず、ただ喪に服すという態度もまた、政治的に正しい1つの選択であると思えた。

今回の襲撃事件が発生して以来、多くのムスリム・コミュニティは、襲撃犯を徹底的に批判する声明を発表した。意図的にシャルリ紙への批判を避けている者も多い。ムスリムたちが今回の襲撃事件を少しでも肯定的に語ってしまえば、フランス社会において圧倒的マイノリティである自分たちの居場所がなくなってしまうことに気づいているからだ。そしてまた、以前の私なら、もっと徹底的にシャルリを批判していたのではないだろうか？

──そのことに気づいた瞬間、私は今までにないほど強く、自分もまたこの社会で生きるムスリムであるという事実を噛みしめた。今回のテロは私にとってあまりにも近すぎた。

広場の中心では地鳴りのような激しいシュプレヒコールが続いていた。「表現の！自由を！」「共に！民主主義のために！」空に放たれて静かに灰色のパリに消えていくぼんやり光る灯籠と、音を立てながら発煙筒から激しく飛び散る火花が対照的で美しい。周囲を見渡すと、静かに祈る者、仲間と抱き合う者、大声をあげる者、喧嘩をする者、それぞれがそれぞれのやり方で死者たちを追悼していた。辺りにはプラカードだけでなく、左翼戦線のシンボルや、極右団体や共産主義の旗、フランスやチュニジア、アルジェリアの国旗……。誰かが何らかの追悼のためのパフォーマンスをするたびに、異なる思想の者がそれに対して容赦ないブーイングを浴びせる。めちゃくちゃに異なる人々が、めちゃくちゃに揉めながら、それでも何か1つのことをしようとする。いい意味でも悪い意味でも、これが、これこそがパリなのだ。私は激しいめまいを感じながらも、目の前の光景を心に焼き付けようと必死だった。

やました・やすゆき 1990年生まれ。京都大学大学院文学研究科社会学専攻。専門はセクシュアリティ・ジェンダー研究。北アフリカ地域に関心がある。研究の傍ら、在日外国人へのヘイトスピーチや性的少数者への差別に反対する活動に参加。2014年にイスラームに改宗。現在パリ在住。

シャルリとは誰か
アンチ・レイシスト？ ウルトラ・ライシスト？

にむら じゅんこ

2015年1月11日。銃撃テロ追悼大行進の合言葉は、《私はシャルリ》だった。筆者はこの標語に大きな違和感を抱いた。なぜなら、もうすでにシャルリはかつてのシャルリではなかったからだ。

シャルリ・エブド紙の描き手は、若い世代と古い世代に二分される。古い世代は68年の学生運動（ソワサンチュイッター）を経験した世代だ。カビュやウィレムらは五月革命の最中に『激怒』なる自主出版雑誌を作ってストリートで売っていた。カヴァナは漫画によってエコロジー思想を伝えた。彼らは、一切の権威を拒否し、古い価値観を打破しようとした。家父長的な社会制度、帝国主義、それにカトリックは、刷新せねばならないものだった。今の感覚からすると、少し古臭い。

でも、彼等はそれをアイデンティティとして生き、それゆえ愛されていた。文化グローバリゼーションが進み、パリがパリらしくなくなり、フランス映画が沈没し、気軽に立ち寄れたカフェはすべてチェーン店に代わり、レコード屋もなくなった。そんななか、人々は、シャルリ紙のタブロイドの中にかつてのパリを見出そうとしていた。笑いというより、むしろパリジャンとしての矜持が紙面には求められていた。

シャルリ、チャーリー、そしてシャルル

シャルリ紙の前身は、『アラキリ Hara-kiri（腹切り）』だ。「馬鹿馬鹿しくていぢわる」がスローガンのナンセンス雑誌だった。この『アラキリ』、1970年に元大統領シャルル・ド・ゴールの死去を揶揄した廉によりポンピドゥーから発禁にされた。かくして、『アラキリ』は、『シャルリ・エブド』に転身する。『シャルリ・マンシュエル（月刊シャルリ）』という既存誌の週刊版となったのだ。月刊誌は、デルフェイユ・ドゥ・トンが創刊した漫画雑誌で、後にヴォランスキが編集長を務め、挑発的というよりも、文学的、芸術的な性格で、フランスのサブカルチャーの奥深さを見せてくれる雑誌だった。

こうした経緯を得て「シャルリ」という名がついたわけだが、そもそもシャルリというこの名前は、スヌーピーの飼い主、チャーリー・ブラウンに由来する。シャルリ紙の第1号の表紙を飾ったのも、他でもないチャーリー・ブラウンだった(1)。不器用で冴えない男の子チャーリーは、いわば「負け組」代表だが、どこか憎めないキャラクターだ。

しかし、同時に、シャルリという名前は、シャルル・ド・ゴール大統領も暗示していた(2)。ある意味、シャルリは、偉大で厳しい父、ド・ゴール下で鬱屈としていたフランスの若者たちの象徴だった。しかし、父のシャルルたちが力を失い、ミッテランが左翼政権を敷くやいなや、シャルリは勢いをなくしていった。それは、彼等のアイデンティティが、保守派、多数派に刃向い、揶揄することに他ならなかったからだ。

シャルリの命運は、ド・ゴールに代表

される保守の衰退と同じ道を辿る。まず、シャルリ紙が82年に休刊した。そして、86年に月刊誌も休刊に追いやられた。敷衍するならば、シャルリとシャルルは、同じコインの裏と表のように、補いあうことで1つのフランスとなる表裏一体の存在だったと言えよう。そして、シャルリ紙は、勢いがあった左派政権の力が衰え、右翼が再び活発に動き出した1992年に復刊した。

「ドーミエの息子」たち？

その92年は、左翼政権がぐらつき、右翼どころか、実は極右が急台頭し始めていた時期だった。存在感を日々増していった国民戦線に対して誰よりも執拗で激しい攻撃をしたのはシャルリ紙だった。音楽ユニットのノワール・デジールは、シングル「ある日フランスで」の中で、極右化する社会に対し「シャルリ、僕を守ってくれ」と歌った。あれから20年。この時、極右撲滅のために吠え、移民たちを守ろうとしたシャルリ紙が、皮肉なことにその移民の子から襲われるとは誰が予想しえただろう？

シャルリ紙内部の足並みが揃わなくなったのは9・11以後だった。大きく乱れて狂っていったのは、2005年にデンマークの日刊紙ユランズ・ポステンがムハンマドの風刺画を掲載した頃からだ。シャルリ紙は、このイラストをあえて転載した。なぜ、保守派新聞の風刺画を転載する必要があるのか。ひょっとしたら、売れ行きが悪かった発行数を伸ばすためだったのかもしれない（実際、これによってかなりの部数を伸ばしている）。

引き続き、2006年3月1日、シャルリ紙は「12人のマニフェスト」なる声明文を発表した。「今、世界は新たな全体主義的なグローバルな脅威に直面している。それは、イスラーム主義だ。［…］最近起きたムハンマドの画の出版をめぐる騒動は、普遍的価値のために闘う必要性を自明のものにした［…］私たちは〈文化相対主義〉を拒絶する。［…］私たちは「イスラーム嫌い」を助長することを恐れて批判的精神を失うことを拒否する。私たちは、あらゆる悪習と教義に逆らい、すべての大陸に批判的精神が発揮されるよう、表現の自由の普遍化のために論陣を張る。［…］」という旨の言説がシャルリ紙に掲載された。

シャルリ紙は、イスラーム主義を民主主義の敵――叩くべき新たな相手――とみなしたわけである。国内ならまだともかく、世界へ宣言しているところが怖い。かつての植民地主義思想、文明化の使命を彷彿とさせる内容だ。署名者を見ると、当時の編集長フィリップ・ヴァルや、当時シャルリ紙に深く関わっていたスタッフ、キャロリーヌ・フレストの名があった。フレストは、「ライシテ（世俗主義）の世界伝道師」の異名を持つ女性ジャーナリストで、ライシテならぬ、ウルトラ・ライシテ（原理主義的政教分離徹底主義）を推し進めている人物だ。あらゆる宗教性を徹底的に排除してこそ民主主義だという考えは、民主主義の名のもとに全体主義体制を敷くことにならない。この新方針のもと、与党ばかりか、極右のマリーヌ・ル・ペンでさえシャルリ紙を擁護するようになっていく（3）。

郵便はがき

101-0052

> おそれいりますが切手をおはりください。

東京都千代田区神田小川町3-24

白 水 社 行

購読申込書

■ご注文の書籍はご指定の書店にお届けします。なお、直送をご希望の場合は冊数に関係なく送料300円をご負担願います。

書　　　名	本体価格	部　数

★価格は税抜きです

(ふりがな)

お 名 前　　　　　　　　　　　　　(Tel.　　　　　　　　　　)

ご 住 所　(〒　　　　　　　)

ご指定書店名（必ずご記入ください） Tel.	取 次	(この欄は小社で記入いたします)

『シャルリ・エブド事件を考える』について (8430)

■その他小社出版物についてのご意見・ご感想もお書きください。

■あなたのコメントを広告やホームページ等で紹介してもよろしいですか？
1. はい（お名前は掲載しません。紹介させていただいた方には粗品を進呈します）　2. いいえ

ご住所	〒　　　　　　　　　　　電話（　　　　　　　　）
（ふりがな） お名前	（　　　　歳） 1. 男　2. 女
ご職業または 学校名	お求めの 書店名

■この本を何でお知りになりましたか？
1. 新聞広告（朝日・毎日・読売・日経・他〈　　　　　　　　〉）
2. 雑誌広告（雑誌名　　　　　　　）
3. 書評（新聞または雑誌名　　　　　　　　　）　4.《白水社の本棚》を見て
5. 店頭で見て　6. 白水社のホームページを見て　7. その他（　　　　　　　）

■お買い求めの動機は？
1. 著者・翻訳者に関心があるので　2. タイトルに引かれて　3. 帯の文章を読んで
4. 広告を見て　5. 装丁が良かったので　6. その他（　　　　　　）

■出版案内ご入用の方はご希望のものに印をおつけください。
1. 白水社ブックカタログ　2. 新書カタログ　3. 辞典・語学書カタログ
4. パブリッシャーズ・レビュー《白水社の本棚》（新刊案内／1・4・7・10月刊）

※ご記入いただいた個人情報は、ご希望のあった目録などの送付、また今後の本作りの参考にさせていただく以外の目的で使用することはありません。なお書店を指定して書籍を注文された場合は、お名前・ご住所・お電話番号をご指定書店に連絡させていただきます。

シャルリはすでに以前の Charlie――チャーリー・ブラウンの分身であり、遠吠えと悪乗りが売りのシャルルのどら息子――ではなくなっていた。68年で活躍した前衛左翼知識人と、その精神は、この時点で消滅した。雑誌の方針の変更から離れていくスタッフ、漫画家、寄稿者、協力者、そして読者（筆者もそのひとり）が相次いだ。「元祖シャルリ」のデルフェイユ・ドゥ・トンは、「裸のムハンマドを描いて何が面白いのか？」と新世代の編集長となったシャルブに忠告した。しかし、若い世代の漫画家たちは聞く耳を持たなかった。シャルブらは、オノレ・ドーミエの精神的息子であることを自称した。でも、ドーミエは、果たして憎悪を生み出すような他者表象でマイノリティを攻撃し続けただろうか。

「表現の自由」という名のもとの独裁

殺された漫画家カビュ（享年77歳）は、カトリックの重みを体験した世代だ。そんな彼がフランスのマジョリティである宗教を揶揄し、宗教から自由でありたいと叫ぶことは理解できないわけではない。ところが、2015年の現在、カビュらと同じ文化背景を共有していないフランス人、とりわけ移民二世・三世たちにはこの叫びは通用するだろうか。彼らの側に立って考えれば、宗教からの自由は、「自由」という名のもとで行っている制限と圧迫でしかない。社会的弱者である郊外に住む移民たちは、「12人のマニフェスト」を出した知識人たちと、経済的にも社会的にも同じ境遇にない。

時代は変わった。シャルルも、シャルリもフランスにはもういなかったのだ。「表現の自由」でさえ、その名のもとで行われる独裁の手段となってしまった。実際、「表現の自由」を叫んでテロと闘うと世界に向けて宣言したフランス政府は、その数日後、「シャルリ・クリバリのような気分だ」と表現したコメディアンのデュドネを拘束した。筆者はヴォランスキ（享年80歳）と拝眉の機を得たことがあるが、彼が今のこの状況を知ったら、草場の陰で憤慨すると思う。そういえば、彼の漫画にはこんな台詞があった。

「ムッシュー。報道における表現の自由に私は賛成します。デタラメを言うためにそれを悪用しない限りは」。

（1）月刊誌のほうは、『ピーナッツ』の仏語訳を掲載していた。
（2）『月刊シャルリ』の創刊者、ヴォランスキの証言による（L'Écho des savanes, no 239）。
（3）2012年9月。ムハンマドの風刺を「表現の自由」のもとに賛成している。

にむら・じゅんこ　執筆・翻訳家。東京大学大学院総合文化研究科博士課程。専攻は比較文化研究。主な著書に『クスクスの謎』、『フレンチ上海』など。主な翻訳書には、アニエス・ジアール『エロティック・ジャポン』、パティ・スミス『ジャスト・キッズ』など。90年代に日仏BD雑誌をパリで発行した。

シャルリなのはシャルリだけ

エチエンヌ・バラール

　私はシャルリではない。私たちはシャルリではない。シャルリだと大声で叫べばシャルリになれるわけではあるまい。シャルリなのはシャルリだけだ。今日、シャルリでいるのは実にたやすいことだ。けれど明日になれば、日々の生活に追われ、シャルリだったことなど忘れてしまう。あるいは不安、疑心、隣人への不信感に飲みこまれて。1月11日、パリほかフランス中の街で起きた共和国のデモ行進では、その隣人と肩を並べて歩いていたのに。どれだけの《私はシャルリ》のプラカードが、数日後にはゴミ箱行きになることだろう。玄関や車庫の場所ふさぎになるし、見るたびに罪悪感に襲われ、シャルリのようには、過激思想、不寛容、テロ、単一思想とは戦えないのだと無力さを痛感させられるからと。

　シャルブ、ティニュス、カビュ、ヴォランスキの命を奪ったテロが起こる以前より、シャルリはすでに世を騒がせていた。私たちの心を騒がせていた。シャルリは毎週毎週、私たちの弱腰を、事なかれ主義を、腐敗した人間を権力の座に祭りあげ、幼児性愛者の司祭に子どもを預けてしまう私たちのことを嘲笑っていた。毎週毎週、私たちが暮らすこの世界の現実を直視するよう促し、言葉を濁すことなく、どんな政党にも、教会にも、財界の力にも屈しなかった。実はシャルリは、テロリスト、クアシ兄弟の凶弾に倒れる数週間も前から、すでに生き残りをかけて戦っていた。経営難という敵とだ。そのとき私たちはどこにいたのだろう。今と同様、私たちの支援が必要だったのに、私たちはなぜ、そのときにシャルリではなかったのか。私はシャルリだと公言するのはいいが、どれだけの者がその前からシャルリのことを知っていたのか。どれだけの者がシャルリを読んでいたのか。シャルリを買っていたのか。シャルリだったのか。

　シャルリは私たちの罪悪感であり、シャルリのスタッフの殺害は、表現と報道の自由を抹殺しようとする試みだ。今回のテロはジャーナリズムとメディアへの恫喝である。「ジャーナリスト、イラストレーター、カメラマンどもよ、よく聞け。俺たちを侮辱するなら、編集部に火を放ち、お前らを撃ち殺してやるからな。俺たちの預言者を風刺画で冒瀆するならば、命はないと思え！」これはうまくいった。個人であれメディアであれ、シャルリのイラストレーターたちの殺害を誰もが非難するが、シャルリ以外のほとんどの新聞は、表現の自由の象徴となったあのような風刺画を掲載する勇気など持ち合わせてはいなかった。テロ以降となればなおさらだ。ほとんどのメディアは、シャルリが灯した松明を受けとり、世に溢れる醜悪なものを自由に風刺し、諸般にわたる人間の愚を、イラストそのほかの表現方法を通じて考えさせる、そんな気骨など持ち合わせてはいない。私たちが購読している新聞は、一連のテロを引き起こした犯人を非難するが、むしろ事件の核心たる風刺画の掲載について

はそれを控えている。まことしやかな口実の陰に隠れて、しかし実際には、新たなテロの可能性に震えているだけなのだ。暴力をふるう者たちに、半ば意識的に屈しているのだ。シャルリの誠実な態度、報道と表現における志を称えるなら、なぜ私たち読者や視聴者は、自分たちのメディアやテレビ局にもそれを求めないのか。

　もうひとつの名高いフランスの新聞『カナール・アンシェネ』は、報道と表現の自由を守ることに心血を注いでいる。『カナール』は100年と少し前から、最後のページにこんなスローガンを掲げている。「報道の自由は、それを使わないとすり減ってしまう」と。ほかのメディアはといえば、とっくの昔に誇りなど捨て去っており、波風をたてないようにしている。読者の神経を逆なでしないように、広告主たちを怒らせないように。日本語で言うところの「臭いものには蓋をしろ」、これがまさに、私たちがふだん読んだり、目にしている大手メディア全体の態度である。唯一、表現の自由の旗印を高く掲げているのが、いわゆる風刺的な、広告による資金援助を得ていない出版物だけというのはどうしたことか。

　東京にいる私は、日本のコメンテーターやネットユーザーの意見に驚きを隠せなかった。その多くが、シャルリのイラストレーターたちについて、2011年9月に編集部が放火されたあとも、預言者ムハンマドの風刺画を執拗に掲載したのは不用心だったと考えていた。なかには、あのようなイラストを載せてイスラーム過激派を挑発すべきではなく、自業自得だとするコメントさえあった。フランスであろうとどこであろうと、テロのリスクを負ってもなお、万難を排し、報道と表現の自由を守っている者たちがいる。彼らをつき動かしている精神を日本人相手に説明するにはどうしたらいいのか、私はそれを長いこと考えた。私はシャルリの態度を、安倍晋三首相および数名の閣僚による靖国神社参拝と並べてみずにはいられない。中国、韓国で反日抗議活動が起こるのがわかりきっているにもかかわらず、なぜ彼らは靖国に行くのか。それもまた、ただの挑発なのだろうか。ここでは靖国参拝の正当性、あるいは中国の抗議の妥当性についての議論には踏みこまない。だが、これだけは言える。イスラーム過激派の脅迫に屈しなかったシャルリの勇気を咎めることは、第二次世界大戦における日本帝国主義の象徴を何度も訪問する安倍総理に物申すようなものだと。《私はシャルリ》のプラカードを掲げることは誰にでもできるが、シャルリが体現した精神の高みに身を置くことは、たやすいことではない。だから《私はシャルリ》だと言うのは憚られる。私はただ、「メルシー、シャルリ」と言おう。

エチエンヌ・バラール　フランス出身のジャーナリスト。1986年以来、日本を拠点に報道にたずさわり、コンサルティング業にも従事。メディア論を専門とし、90年代はじめに日本のオタク文化をフランスに紹介した先駆け。クール・ジャパン、少子高齢化社会にも関心を寄せている。著書に『オタク・ジャポニカ――仮想現実人間の誕生』（新島進訳）がある。

訳：新島進（にいじま・すすむ）　慶應義塾大学准教授。現在、訪問研究員として滞仏中。テロで揺れる現地の状況を肌で体験した。

私もシャルリじゃなきゃ
ダメかしら

師岡カリーマ・エルサムニー

「私たちムスリムの現状を見よ。無知が蔓延し、内戦や暴力の連鎖に苦しみ、世界に大きく後れをとっている。今の私たちの醜態の方が、どんな風刺画よりも預言者ムハンマドに失礼だ」。

「シャルリの風刺画では、ムスリムほどではないかもしれないが、キリスト教徒やユダヤ教徒、仏教徒も侮辱された。でも暴力に訴えたのはムスリムだけだった。この現実と、私たちは真摯に向き合わなければならない」。

風刺画に反撥してデモをしたり、三色旗を燃やしたりするムスリムにはカメラが向けられるが、騒がない多数派のムスリム、そして彼らが同胞に向けて発信する、より冷静で理性的な意見は、当然かもしれないが日本ではなかなか注目されない。風刺画は確かに不快だが、現状では分が悪すぎて怒りたくても怒れないと、ほとんど自虐的なシニシズムで風刺騒動をやり過ごしているムスリムの方が、ただ怒声を上げているムスリムより多いことは見過ごされがちである。「またイスラーム教徒たちが怒っている」という報道は、なぜ怒るのか理解しようという善意の報道ではあるが、新聞社が攻撃されたり、超過激派が人質を処刑したり、イスラームの名を騙る集団が学校から少女を拉致したりといった事件がひとつ、またひとつと起こるたびに、どんどん肩身が狭くなっていくムスリムのやりきれなさは、なかなか伝わらないのである。

「イスラームにおいて預言者の描写は禁止されているため、風刺画は反撥を招く」という解説も、あまり強調されるべきではないだろう。偶像崇拝を厳しく警戒するイスラームでは、確かにムハンマドを描くことはない。ムハンマド以外の預言者も同様だ。近年アメリカで制作された映画『ノア　約束の舟』は、預言者ノアが演じられているため、エジプトやカタールなどのイスラーム諸国で上映禁止となった。しかしこの説明では、「時代や地域によってはムハンマドを描いたムスリムもいた」とか、「偶像崇拝を防ぐために自分たちが描かないのは勝手だが、異教徒にまで押し付けるのはいかがなものか」という反論が出て、論点がずれてしまう。もしムハンマドが、教会のキリスト像のように敬意を込めた描写をされたら、描写自体が禁忌だからと言って、ムスリムは同様に怒るだろうか。そうは思わない。アラブ人に対する人種差別がちらつき、歪曲したイスラーム像を植え付け、描く者の優越感と悪意が滲み出た描写だから怒るのである。

しかしそう抗議したところで、「表現の自由というものはですね、」と逆に説教されてしまう。その悔しさは、福島の原発事故や広島の原爆を題材にした別の仏紙の風刺画などで、日本人も身に染みて分かっていることだ。

仮に、フランスの風刺新聞シャルリ・エブドに対する犯行が、本当にある種の言論を暴力と恐怖によって封じ込めるこ

とを目的とした、表現の自由に対する挑戦であるとしよう。「仮に」というのは、そう考えるのは少し短絡的ではないかと私には思えるからだ。

　ヨーロッパ主要各国の人々は、イスラーム教徒に対してどのようなイメージを抱いているか。アメリカのピュー研究所が昨年実施した調査によれば、「良い印象を持っている」と答えた人の割合はフランスで72パーセントに上り、ヨーロッパではダントツの高さだった。イスラームの名を騙る超過激派集団の蛮行が盛んに報道されるなか、この数字は驚異的だ。改めて、フランスというのはすごい国である。かつてイタリアのベルルスコーニ政権の閣僚が、「サッカーのフランス代表チームなんて、アラブ人とアフリカ人ばかりでフランス人がいない」という主旨の発言をしたとき、フランス人の友人はこう言った。「今ほどフランスを誇りに思ったことはない」。ジダンのようなスーパースターや、改宗ムスリムであるリベリといったサッカー選手だけではない。パリ・オペラ座バレエ団のエトワール（ダンサーの最高位）だったカデル・ベラルビは、今は振付家として活躍している。移民二世のラシダ・ダティは、法相や欧州議会議員を務めるなど政治家として成功している。すべてのフレンチ・ムスリムが彼らのように西洋的世俗的価値観に溶け込めているわけではないし、社会のさまざまな場面で根強く残る格差もあろう。だがその一方で、音楽、舞踊、ヒップホップ、映画などさまざまな分野でムスリム移民やその子孫が華々しく活躍し、それなりにスキャンダルも起こし、フランス文化に多様性をもたらしているのである。パリ中心部にある大モスクは、かつてナチスの迫害に晒されたユダヤ人をかくまったことが知られているが、今も市民や観光客に門戸を開き、併設のカフェはパリジャンで賑わい、浴場ハマムはスーパーモデルの御用達である。そういったなかで、72パーセントのフランス人がムスリムに好印象を持っていると答えたのだ。同時にそれは、72パーセントの人々の生活空間に、普通のムスリムが、善良な市民として、普通に存在しているということでもある。

　憎しみの思想に突き動かされ、さらに仲間を増やそうとしている狂信派にとって、こういう社会は目障りだ。真の標的は、発行部数の少ない一風刺新聞ではなく、またそれが象徴するという表現の自由でもなく、寛容で異文化に対する吸収力に優れたフランス社会そのものではないか、と私には思えてならないのである。この事件によって欧州のムスリムがさらなる偏見と恐怖の対象となり、今まで以上に生きにくくなってしまえば、その一部が過激思想に逃げ場を見出すようになるかもしれない。そうなったら過激派の思う壺である。フランス人一般とムスリム人口の間に亀裂が入れば、それは過激派の罠にはまったことを意味する。「テロとの戦い」における勝機は損なわれるだろう。その瀬戸際の決定的瞬間において発信されたスローガンが、《私はシャルリ》だったのである。これは不幸な選択だと私には感じられた。

　対テロ連帯の合言葉は、連帯どころか分断の要素を含んでいる。《私はシャル

リ》は、たとえそれが提唱者の意図ではなくとも、「私はどんなに抗議されても世界のムスリムを侮辱し続ける新聞を応援します」と解釈することができるからだ。この事件に衝撃を受け、「こんな蛮行は到底許せない、私たちの信仰の名のもとにそれをするのはもっと許せない、我らがフランス頑張れ！」と、共に声を上げるべく奮い立ったムスリムからしてみれば、同じテントの中に踏み入ろうとした瞬間、中から冷水を浴びせられたような疎外感と違和感を覚えたのである。シャルリを肯定せずにフランスへの連帯は示せないのか。自由で民主的な社会に、自分の居場所はないということか。まるで踏み絵の現代版のような《私はシャルリ》には、明らかに分断の種があった。フランス社会が衝撃的な事件に激しく動揺したなかでの第一声であったから、先々の影響まで考慮に入らなかったことは責められない。しかし犯行を計画した側が、ここまですべて計算しつくして標的を選んだ可能性は十分ある。

それでも、《私はシャルリ》という言葉を敢えてSNSで発信したムスリムが、アラブ世界にもいたことは強調されなければならない。アラブの風刺漫画家もまた、「シャルリ・エブドと連帯を」と書き添えて、過激派を嘲弄する作品を数多く発信した。もともとアラブでは、暴力的な過激主義はもとより、いわゆる政治的イスラーム主義や厳格な復古主義といった思想をも揶揄する風刺画は盛んに描かれており、風刺専門誌もある。今の日本と比べたなら、アラブの方が風刺のアートは盛んだとさえ言える。一般のムスリムは、決して風刺が解らない人々ではないのである。その人たちが、少なくとも事件直後は《私はシャルリ》に賛同したということは特筆すべきであろう。

やがて、犠牲者の中には警備にあたっていたアハマドというムスリム青年もいたということが明らかになると、「私はシャルリではない。私はアハマドだ」という新たなスローガンもフランスのムスリムなどから広まった。「アハマドは自らの信仰を愚弄されながらも、愚弄した張本人を守ろうとして死んだのだから」。

そして、《私はシャルリ》に違和感を持ったのはムスリムだけではなかった。シャルリというのは、問題提起よりもタブーを侵すことに存在意義を見出す、どちらかというと稚拙な新聞だ。風刺を風刺たらしめるユーモアや隠喩といった知的要素はあまり見当たらない。その新聞の存在自体は否定しないが、彼らに自分を同化させる義理もない。そう思った人は欧米にも少なくなかった。ニューヨーク・タイムズのような主要紙のコラムニストも、人種差別的表現を問題視し、「私はシャルリではない」と断言した。さらにはシャルリ紙創設者の一人が、「あの風刺画はやりすぎだった」と批判したのだ。しかしその発言はシャルリ派の神経を逆なでし、「老醜を晒した」などと非難された。私自身も議論に自らを巻き込み、おおいに神経を消耗する結果となって一時は後悔したが、「風刺に品位は必要ない」、「表現の自由は選り好みできない」、「表現内容批判はテロリストに利する」、「震災後に日本人が一致団結したように、フランス人もまた困難に直面して連帯

を示したのだということを理解してほしい」といった反論をひとつひとつ吟味し、自問自答を余儀なくされたことは意義のあることだったと今は思える。作家たちの悲劇的な死によってしかこのような議論が促されなかったのは残念だが、対立軸が「ムスリム対非ムスリム」でなくなったことは大きな救いだった。そしてその議論をもたらしたのが、ムスリムでなくても違和感を持つ《私はシャルリ》だとすれば、結果的には幸運なスローガンだったと言えるのかもしれない。

数世紀前からすでに教会の権威という宗教的タブーに挑んだ風刺の文化が特にフランスにはあり、それが今ある表現の自由の土台ともなったとすれば、それを誇りに思うのは当然だ。私も敬意を払う。ただし、西洋の歴史においてキリスト教会は強大な権力だった。権力者が課すタブーと、生身の人間の感情や尊厳を故意に踏みにじるというタブーを一緒くたにするのは、怠慢であり、傲慢である。人間は複雑な生き物だ。是と非の線引きもおのずと複雑になる。それは終わりのない労力を要するが、やむを得ない。表現者ならなおさらだ。

しかし、私がお説教を垂れるのは筋違いだろう。シャルリ紙自体、表現の自由に限界があることは百も承知のはずだ。風刺家モーリス・シネーは、ユダヤ教を中傷したためにシャルリを解雇されたのだから。だからと言って、私は彼らのダブル・スタンダードを槍玉にあげて非難しようとは思わない。むしろ、これまでシャルリに携わってきた人々でさえ、表現の自由に対する考え方は一様ではないのだということが分かって、安堵すら覚える。

仮に、シャルリ紙に対する攻撃が、表現の自由に対する挑戦だったとしよう。そこにいるのは、「おれたちの預言者だけは不可侵だ」と言って銃弾を放つ者と、「表現にタブーはない」と言い放つ者。《私はシャルリ》のスローガンは、ひとつのラディカリズムを拒否するために、対極にあるもうひとつのラディカリズムを謳い上げてしまった。しかし、後者に同調せずとも、前者を拒絶することはできるはずだ。そして、権力を持たない不特定多数の人間を故意に貶める表現方法に異議を唱えながら、死者を弔い、表現の自由を守ることも可能なのだ。

もろおか・カリーマ・エルサムニー　1970年、エジプト人の父と日本人の母のもと、東京に生まれる。カイロ大学政治経済学部卒業後、ロンドン大学で音楽学士取得。現在、NHKラジオ日本の国際放送でアラビア語キャスターを務める。主な著書に『恋するアラブ人』、『イスラームから考える』、『変わるエジプト、変わらないエジプト』など。

Actualité Juive HEBDO

Fondateur : Serge Benattar

N° 1328 – 15 Janvier 2015 – 26 Tevet 5775
www.actuj.com 1,70€
EDITION SPECIALE

JE SUIS JUIF
JE SUIS CHARLIE
JE SUIS FLIC
Et maintenant ?

[鼎談] 鹿島 茂 ＋ 伊達聖伸 ＋ 堀 茂樹　　（構成：尾原宏之）

L'affaire Charlie Hebdo est-elle le 11 septembre français ?　I

シャルリ・エブド事件は「フランスの9・11」か？

◉ 前篇 ◉

日本とフランスの《断絶》

鹿島 僕は事件が起こった1月7日、偶然パリにいたんです。だけど、事件が起きてから丸半日気づかなかった。古本屋をじっくり回ってたんですが、誰も教えてくれなかったんですよ。店の人も営業中で知らなかったんでしょう。6時ごろ、はじめて人から聞いて仰天しました。

そのあとホテルでテレビを見たら、いろんな人が出てきて討論会をやっていた。その討論会は、いま思えば日本での議論とは随分かけ離れていました。「いくら表現の自由があっても、ふざけて信仰を風刺するのはけしからん」と言う人は、ひとりもいなかったんです。当日のバスティーユ広場には、即時的に3000人ぐらい集まったんじゃないかな。その中に《私はシャルリ》という手書きの紙を掲げている人がいたのをニュースで見ました。

堀 私は日本にいたんですが、事件後に日本社会で燎原の火のごとく広がった議論というか観念的なおしゃべり、これらの中に自分自身の心理をシャルリ・エブド事件に投影した軽率な議論が多かったように思います。もちろんフランスの社会統合のあり方には問題があるし、シャルリの風刺のやり方にも問題がある。ですが、「これまでいじめられ続けたムスリムがやむにやまれずやったのだ」、「シャルリがテロにあったのは自業自得」というような言説まで見かけると、ちょっと首をかしげざるを得ません。

もちろん「ムスリム＝テロリスト」のような図式もそうです。一連のテロ事件で殺された17人の中にはユダヤ系の人が多く、警官を含めてムスリムも2人いました。そんなこともほとんどの日本人は知らない。現実の複雑さ、多様さ、厚み、不透明さに対して謙虚でなく、一方的な「上から目線」で論評する人が多くて、私はその点に苛立ちを覚えました。

伊達 私は事件のことを1月8日の朝にツイッターを見て知りました。1限がフランス語の授業で、通勤電車の中でいろいろ考えて気分が悪くなりました。

私は、2005年にデンマークの新聞ユランズ・ポステンが発表したムハンマドの風刺画を転載したシャルリ・エブドの特別号を持っています。当時、フランスおよび世界のムスリムから激しい反発を受けました。ちょうど研究室にあったので、授業が始まる前にそれを見たんですよ。恥ずかしながら事件が起きるまでは、それぞれの漫画家の名前もよく知らなかった。その号の表紙の絵には「カビュ」と署名があり、「ああ彼も犠牲になったんだな」と、何ともやりきれない気持ちになりました。

授業では、「2000年代からフランス社会ではこういう事件は起こり得た」、「フランス語学科で学ぶ上で、この事件をどう捉えるかは大事だ」と話しました。

鹿島 僕は日本に帰ってきてからさんざんインタビューを受けたんですが、この事件には説明しにくいことがいくつかあるんですね。たとえば事件発生後、なぜあれだけ多くのフランス人が立ち上がったのか。1月11日のデモはフランス史上最大規模の約370万人が街頭に出たと言

われています。オランド大統領が参加者に「今日、パリは世界の首都になる」と呼びかけました。

堀　最初、日本人は街を埋めつくす群衆に拍手したんです。「さすがフランスだ」と。だけどあまりにすごいんで、今度は「自由の旗の下で全体主義が始まる」と言い出したわけです。いずれも極端で、日本のお決まりのパターンです。

「一にして不可分」

鹿島　なぜこの事件がフランスで起きたのか。そして、なぜフランス人は《私はシャルリ》という言葉を掲げて街に出たのか。そのことを理解するためには、フランス第五共和国憲法の第1条「フランスは、不可分で、ライック（非宗教的／脱宗教的）な、民主的そして社会的な共和国である」という一文を考えてみる必要があります。これが日本人には実に分かりにくい。第1定義の「単一にして不可分」という共和国原理、そして第2定義のライックつまりライシテ原理の問題です。まず「一にして不可分」という点ですが、堀さんはどうお考えですか？

堀　これは、人民主権の〈人民〉という言葉をどう解釈するのか、という問題だと思います。はたして、フランスにはひとつの〈人民〉がいるのか、複数の〈人民〉がいるのか。たとえば、コルシカ人という集合体は〈人民〉なのでしょうか。フランス共和国の公式の考え方だと、そうではないですね。立法権を持っているのは、肌の色がどうであれ、出自がどうであれ、性別がどうであれ、あくまでひとつの〈人民〉です。フランスは連邦国家でも、大革命前のような特権と義務の差別化された諸階級の集合体でもなく、ひとつの「市民の共同体」であり、市民は普遍的な資格を持っている。「一にして不可分」とはそういう意味です。ただフランスの文脈と日本の文脈を一致させるのは難しい。日本で「一にして不可分」と言われると、同質的で画一的な社会を押し付けようとしているんだ、全体主義だ、と単純に受け取られてしまうんですね。

鹿島　こうなるともう、フランスという国の成り立ちから話さなくてはならない。フランスは、カペー王朝の初期にはパリを中心としたイル・ド・フランス周辺のちっちゃな王国だったわけです。それが百年戦争を経て、シャルル7世やルイ11世が婚姻政策や相続で領土を広げていった。その時、領土的に拡大するとともに、フランスは多様な要素を次々に取り入れていったんです。その中には、まったく違う文明もあった。たとえばブルターニュは言語も違うし、家族類型も違うし、人種もかなり違う。もっと典型的なのはバスク。さらに大きなところはプロヴァンスですね。南部のオック語はどちらかというとカタルーニャ語に近い。もとはまったく別の国なんです。フランス紹介のありとあらゆる本には「フランスは実に多様な国である」と書かれている。それをひとつにまとめる統合原理が求められていたわけです。

こう言うと、「じゃあ、アメリカ合衆国の統合原理とどう違うのか」と聞かれるんですが、フランスとアメリカの統合原理はまた全然違うんですよね。

鹿島茂（明治大学教授）

伊達 「一にして不可分」というのは、フランスの共同体は共和国という共同体だけだという意味ですね。その内部に共同体を作ることは、社会の中にもうひとつ別の社会を作ることだと観念されます。これを多様性という点から説明すると、自分の属性を一度切る作業をしなくてよいアメリカ型の「多文化主義」と、あくまで「一にして不可分」という枠組の中での多様性であるフランス型の「文化的多様性」の違いというふうにまとめられると思います。

鹿島 合衆国型の多文化主義はサラダボール型と言われていますね。一方、フランスの文化的多様性は説明が難しい。僕はこう説明することが多いんです。アメリカ型のサラダボールというのは、要するに器の中にいろいろな野菜や穀物などがそのまま入っている。フランス型はそれをミキサーにかけちゃう。ミキサーにかけるといっても、多様性をなくすということではありません。多様性を維持しつつ、それぞれの属性で固まらないようにする。

堀 鹿島さんがさっきおっしゃったように、フランスはきわめて多様な要素が寄り集まってできています。放っておけば分裂するような遠心力が常に働いていますから、求心力を持たせて統一国家を維持するために「一にして不可分」と言い続けないといけないんですね。

アメリカでは、メルティングポット型とサラダボール型という論争がありますね。メルティングポット型は、WASPを中心とする古き良きアメリカ型。サラダボール型は、アファーマティヴ・アクションなんかもどんどんやるような多文化主義型です。アメリカの場合は、この両者がせめぎ合っている状況があると思います。

フランスの場合は、多文化的だけれど、多文化主義は避けてきた。とくに共同体主義的な多文化主義はひどく嫌われています。共同体主義は、極論を言えばアパルトヘイト、分離主義につながる。同じ出自の者同士がコミュニティを作って、他とは混ざり合わないわけですから。けんかしないで別々に暮らそうという考え方です。でもこれは「共存」であっても「共生」ではありません。

伊達 フランスとアメリカの統合原理に関連して、9・11と比較するとどうでしょうか。シャルリ・エブド事件翌日のル・モンドは「フランスの9・11」という見出し

をつけました。日本にいた私は現場の感覚は分かりませんけど、アメリカだと「9・11のあとすべてが変わった」という言説がかなり支配的になった印象がある。それから戦争に突き進んでいったわけですが、今回は「この1月7日を転換点にしてはいけない」という言葉がかなり聞こえてくる印象があります。

堀 フランスが9・11後のアメリカみたいになる可能性はゼロではないと思います。そうしたい勢力も存在するから。だけどもこの事件は、「問答無用で撃ち殺す」という、リミットを超えた事件です。少なくとも、人々が立ち上がったことを非難すべきではないと思います。

ここで注釈として入れておきたいのは、《私はシャルリ》という言葉の意味です。2001年の9・11の直後、ル・モンドが一面で《われわれはみなアメリカ人だ》という見出しを掲げました。これにはさらに歴史があって、《われわれはみなアルザス系ユダヤ人だ》とか《われわれはドイツ系ユダヤ人だ》とか、要するに連帯を示す際の常套句なんです。それが今回おそらく意味深長なことに「われわれは」ではなく、「私は」という形で使われたと。日本でもそのことを踏まえておく必要があるんじゃないかと思います。生き残ったシャルリ・エブドの漫画家たちは、挙国一致的な《私はシャルリ》というスローガンをいやがっているようですが、これもちょっと覚えておかなきゃいけないポイントではありますね。

鹿島 日本では、「アメリカが9・11で団結したのと同じじゃないか」と見る人が多かったんですね。でも、オランド大統領が国民に団結を呼びかけたのは、要するに反イスラームに陥らないようにしたんだと思います。ここで一枚岩を見せつけないと、極端に言えばル・ペンの国民戦線に票が流れる。フランス国内政治的には、ル・ペンを阻止するために統合できるところはやっておこうということだったんじゃないか。現地でいろいろ話を聞いていて、そういう印象を受けました。

堀 ル・ペンは1月11日のデモでは排除されていましたよね。

鹿島 党首である娘のマリーヌは、エリゼ宮に行ってオランドと会談はしたんです。ところがシャルリ・エブドからさんざん風刺されてきた父のジャン゠マリが「私はシャルリではない」と言い出したこともあってか、デモには加わらないことが決まった。あそこでル・ペンを入れるか否かということも大きな問題になっていました。

それともうひとつ、現地で事件当日の議論を聞いていて分かったのは、共和国原理に関して、我々が想像するよりはるかにルソーの影響が強いんじゃないかということです。あれはちょっと意外でした。ルソーの「一般意志」というものを前面に打ち出して、「一にして不可分」という原理を強硬に主張する共和派がはっきりと存在している。日本人的なやわな感じからすると、こりゃ大変だぞという気がしたんですけど。

堀 共和主義自体も多様です。「ルソー型共和主義は中間団体を嫌う」と言うけど、現実には中間団体なんていっぱいありますよ。共同体もないわけじゃないん

です。ポルトガル人コミュニティはあるし、それから元貴族、元軍人の団体とかいっぱいありますよ。ルソー型共和主義で中間団体がなくなって、個人と国家しかなくなったというのは、一面の真実ではあるけど……。

伊達 ちょっと乱暴ですね。理念型としてはあるかもしれないけれど、それがそのまま現実というわけではない。

鹿島 僕もよもやそういう人がいるとは思わなかったんだけど、実際にこういうジャコバン型の原理主義者もいるんですね。ちょっと驚きでした。逆に、実はまだ王党派も存在している。フィガロは少し前までは『フィガロ・オロール』と言っていましたが、これは王党派の『オロール』と合併した結果で、僕がフランスにいたころ、オロールはまだ王党派の機関紙だった。あと、第二帝政派ってのもまだいるんですよ。いまだに共和政にすごいルサンチマンを持っている。

堀 王党派はいますよね。革命記念日（7月14日）になるとパリを嫌って田舎へ行くっていうね。だいたい王党派の人は日本好きです。天皇の国だから。それから、非常に知的な王党派もいます。インテリで、むしろ共和派に近い。つまり、「党派性を超えた代表がいないとダメだ」と言うわけです。多様なものを統合する王権が必要だという考え方がそこにあらわれていると思います。

鹿島 「一にして不可分」はどういう起源を持っているか。1789年にフランス革命が起きて、憲法制定議会ができました。まだ王政の時代です。そこで作られた1791年憲法には、「王国は単一にして不可分」という条文がすでに入っています。そうすると、次のような仮説が成り立たないか。この憲法を作った人の頭には、「革命が起こったからといってフランス王国を領土的に割るわけにはいかない」という考えがあった。それで、「一にして不可分」という言葉を入れた可能性がなきにしもあらずだと思います。事実、ブルターニュやヴァンデでは独立運動が起きていますから。

それともうひとつ、第五共和国憲法が制定された時代をクローズアップしてみると、あの時アルジェリアはまだ一つの国内県で独立していなかったわけですね。そうすると「一にして不可分」という言葉は、アルジェリアを分離させないというニュアンスがあったという仮説も成り立つ。いま「一にして不可分」という言葉をいろんな人がいろんなふうに解釈するわけです。ある時代に作られた言葉が一人歩きしている。日本国憲法の第9条にしても、あとからあとからいろんな解釈が出てきて、最初に制定した人と違うことを考えているということもよくある話です。ただ、そうは言っても「一にして不可分」というのは強烈な原理として働いているわけで、そこのあたりの落差なり歴史的経緯を踏まえつつ、さらに現代社会における意味を考えていかなければならないなという気がしています。

堀 こう言うと教科書的だけれど、革命派の中にもジャコバン的な人たちとジロンダン的な人たちがいるわけです。ロベスピエールやサン＝ジュストのような中央集権的な考え方と地方分権的な考え方がせめぎ合っている。王党派や第二帝政派

もいる。ライシテ勢力とカトリックもせめぎ合っている。そして、フランスはヨーロッパの中で最も古くからの移民流入国でもあります。あらゆるものがせめぎ合っていて、日常的に喧嘩しているんですね。それを政治的、法的なレベルで引き締めるために「一にして不可分」という共和国原理があることを押さえておかなければならないでしょう。

ライシテとは何か？

鹿島 ちょうどいま「ライシテ」という話が出てきました。フランス共和国憲法第1条に書かれたもうひとつの原理は、ライシテ原理、つまり非宗教性、脱宗教性の原理です。このライシテという考え方が日本人には非常に分かりにくい。日本人はほとんど無宗教状態ですが、これとライシテはまったく異なるものです。

伊達 ライシテは「一にして不可分」という原理とつながっています。「人種や宗教や文化に関係なく、自律した個々人が政治参加する」という理念の下にできた考え方ですから。日本でも、ライシテという言葉自体は事件以後よく耳にするようになりました。ただ、その使われ方には問題がある。左派ゴリゴリの宗教批判や啓蒙主義を前面に押し出すような使い方、マリーヌ・ル・ペンのような排外主義、反イスラームの文脈での使い方、それから右派も回収可能なナショナル・アイデンティティというレベルでの使い方もあります。だけれども、本来ライシテというのは宗教共存の原理なんです。信じても信じなくてもいいけど、信仰の自由、礼拝の自由は保障する。そういう公共的な射程を持っている原理なんですが、日本ではあまり理解されていないもどかしさがありますね。革命期にはライシテという言葉はまだなかったんですが、カトリックを相手に戦っていた時と、現代のフランスでライシテを振りかざすことは、いくら歴史や伝統があっても意味が違ってきます。

堀 このあいだ、フランス2だったかな、テレビの討論番組をたまたま見たんですが、今の教育相のヴァロー＝ベルカセムが哲学者のアラン・フィンケルクロートを相手にその問題を討論していました。フィンケルクロートというのは大変な教養人で、アカデミー・フランセーズの会員ですが、まあこのごろはイスラモフォビア（嫌イスラーム）のような発言が多い。この人を相手に77年生まれの女性大臣であるヴァロー＝ベルカセムが「開かれたライシテ」、つまり解放的な、宗教を認めていくライシテを、真っ向から滔々と論じていた。

伊達 論点のひとつがムスリム女性のヴェール問題ですね。2004年、フランス政府は公立学校で宗教的標章を着用することを禁止しました。その後、学校に送り迎えをする母親はヴェールを着けていいのかどうかという議論が起きました。昨年の秋、ヴァロー＝ベルカセム教育相は「送り迎えする母親はユーザー側で学校の中に入っていくわけではないから適用されない」と主張しました。ライシテは国家や公立学校などの機関に適用されるものであって、ユーザーに対してではないという立場です。

伊達聖伸（上智大学准教授）

左派は左派でもゴリゴリの左派ではなくて、多少なりともオープンな要素は見せている。

堀 ただ、フランスの父母は学校の中にも入ります。父母会みたいなのもあるし、学校の運営に関与することもある。したがって、そこは各校の柔軟運用で、というのが教育相の立場ですね。よく「公共空間で宗教を顕示してはいけない、これがライシテだ」と説明されますよね。しかし、街や広場で何を示しても全然構わないわけですよ。だから国家が関与するということ、基本的にはこれが禁止されてるんだと思います。「公」ではなく「官」ですね。市民社会においては教会もモスクもあるし、禁止されてもいません。

鹿島 おカネが出ているかどうかというのは、けっこう重要な問題だと思います。たとえばフランスでも、日本でいうNPO法人とかアソシエーションを作って政府からカネをもらいますよね。そうすると、ちょっとでも宗教的な要素が入るとダメ。

伊達 1905年法というのがライシテの基本法とされていますが、その第1条は「良心の自由と礼拝の自由を保障する」という結構強い表現なんですね。「そのために公金を支出しない」というのが第2条。第1条が目的で、第2条は手段だと考えるべきなんじゃないかなと思うんですが、往々にして第2条が自己目的化しているような感じになっていますよね。

信者であることと市民であることは、当然両立するわけです。それから礼拝の自由ということを考えると、社会の中で宗教的な活動をすることも認められている。法的なライシテとメディアなどによって作られたライシテのイメージに大きなズレがあるんじゃないか。

いま、フランス共和国の標語である「自由・平等・博愛」（リベルテ・エガリテ・フラテルニテ）にライシテを入れるかどうかが話題になっています。これはパフォーマンスの感が強いのですが、私は入れる必要がないと思っているんですね。一応、-téで韻は踏んでいるけれども、自由・平等・博愛は目指すべきものであるのに対し、ライシテはいますでにそういう体制になっていて、憲法にもライックと書いてある。ライシテが適用されていないアルザス・ロレーヌは反対するでしょうし、現代においてライシテを入れると、いくら「そのつもりはない」と言ってもやっぱりムスリムにレッテルを貼ってし

まうことになると思います。

フランス社会とイスラーム

堀 ムスリムは現にフランスの一部をなしています。先ほど言ったように、今回の事件で殺された側にもムスリムがいました。かのシャルリ・エブド編集部にもいたわけですから。ムスリムをまるでフランス人でないかのように、特別なカテゴリであるかのように言うこと自体が問題になってきている。

　フランスにはマグレブ系の移民がいて、その多くはムスリムです。このマグレブ移民二世の35％が、数世代前からのフランス人と結婚してるんですね。英米ではこんなことは絶対にない。パキスタン系移民でイギリス人と結婚した人は1％もいかないと思います。

　それから、2010年に世論調査会社IFOPが発表したデータを引用します。1984年にはフランス人の50％強が「自分の子供がアラブ系の配偶者を持つのは嫌だ」と言っていた。それが2010年には27％に落ちています。ちなみに自分の子供がアフリカ系と結婚することを喜ばないのは、2010年の段階で21％。アジア系が相手であるのは嫌だというのが14％。今は2015年だから、もう少し数値が減ってきているかもしれません。

　さらに、これは2014年に米国のシンクタンク「ピュー研究所」によってもたらされた社会調査の結果なのですが、ムスリムに対して好感を持っているというフランス人は72％。イギリス人は64％、ドイツ人は58％、イタリア人は28％。ムスリムに対する好感を否定する者は、フランスでは27％、イギリスでは26％、ドイツでは33％、イタリアでは63％。こういう数字が出ています。だから、いわゆるメルティングポット型の共和主義による社会統合が、はたしてそんなに悪いのかなという気もするんですね。

伊達 フランスのムスリムは500万人と言われていますが、集団をなしてはいないし、政治的には右派もいれば左派もいるという状態です。一口にムスリムと言っても、「実践する」レベルと「信じている」レベルと「出身がムスリム」というレベルではそれぞれ違います。ただ、堀さんが例示したように、ムスリムに好感を持っている人が多いということは、フランス型の統合原理がうまく機能してきた部分はあるのでしょう。

鹿島 僕が長くフランスにいた30年前よりも、統合ははるかに進んでいるという感じがします。特に若い人のレベルでね。ただ、統合が進んでいようがいまいが、露骨に現実を反映する統計がある。それは不動産統計です。長いあいだ言われていることは、マイノリティが不動産を借りようとしても貸してもらえない。もちろんローンを組むのも難しいから、結局は国家なり自治体が定めたHLMと呼ばれる低家賃の集合住宅にみんな追いこめられちゃうって話だったんですね。最近ではどうなんだろう。そこのところは露骨に出せないんだろうけど、たとえば移民二世なら自動的にフランス人ではある。彼らがローンを申し込んだ時に、ちゃんとした職業があれば許可が下りるのかどうか。このあたりが一番難しい問題です。

堀茂樹（慶應義塾大学教授）

堀 就職の時なんかは確実に差別がありますね。国家は差別していなくても、社会がしているということはあるでしょう。

伊達 ムスリムの問題を、ユダヤ人問題と比較してみると、19世紀には「イスラエリット」という言葉が生まれました。宗教的なユダヤ教徒ではなく、市民社会に溶け込んで宗教的実践から離れたユダヤ人のことです。ユダヤ系フランス国民、同化ユダヤ人のような意味合いで「イスラエリット」という言葉が出てきたわけです。今日のムスリムについては、たとえば「ライックなムスリム」とか「リベラルなムスリム」と言い方はあるかもしれませんが、イスラエリットに相当する言葉にはなっていない。ムスリムという属性がずっとつきまとっているんですね。社会に同化したムスリムを適切に表現する言葉がまだ存在していないのかなと思います。ムスリムのコミュニティがあるようなイメージがつきまとってしまうのも、そのことが一因でしょう。

堀 そもそも、シャルリ・エブド事件の下手人はムスリムであると同時にフランス人だったわけです。日本とフランスの国籍のあり方はまるで違いますが、とりあえず犯人たちはフランスの国籍法によるフランス人です。なぜ、彼らがテロに走ったのか。これまでマイノリティの若者がテロに走るのは、共同体主義的な多文化主義の失敗だと言われてきました。イギリスが典型的ですね。イギリス文化をまったく生きてない人たち、教育を受けてない人たちがテロに走るという図式です。だから「フランスではそんなことは起きない」と言われていたんだけど、結局は起きてしまった。最近ではフランスから若者がどんどん「イスラム国」に渡航している。これも非常に大きなショックを与えています。

鹿島 イスラームが、個人的な欲望追求や金儲けを是とする思潮への対抗原理として浮上してきたという新しい要素があるんじゃないですか。かつて日本人もパレスチナ解放人民戦線（PFLP）と共闘して、イスラエルのロッド空港で乱射事件を起こしました。ただしあの場合、PFLPはイスラーム系マルクス主義政党でしたから、赤軍派はイスラームではなく、マルクス主義に同調した。だけど今は、マルクス主義が消えてしまった。再興するかもしれないけど、とりあえずは消えています。そうなった時に問題は

2点ある。ひとつは絶対的な貧困というものをバネにした平等主義の再構築。仮に「貧困原理主義」と呼んでおきましょうか。この貧困原理主義にイスラームが基礎を与えるのではないか。

堀 グローバルに見ても、今年、世界人口の1％が世界の富の50％以上を所有すると言われています。これはまさにいま話題のトマ・ピケティの領域ですけれども、圧倒的な格差です。

鹿島 まさにそういう時代に適合的なんですね。もう1点は、エロスの方面。これは池内恵さんが書いていたんだけど、あるムスリムの知識人はアメリカに留学していたときに反アメリカ、反西洋になったそうです。なんでそうなったかというと、アメリカの牧師の家で開かれたパーティに行ったとき、牧師が音楽をかけて「さあカップルになってみんな踊りなさい」と誘った。それを見ていて、「牧師がこのようなふしだらなことを誘導するとは何事か」とすっごい腹を立てたということです。ここには反エロス主義がありますね。禁欲主義には最終的にテロリズムに結びつくような要素が必ずありますから。

堀 イスラームが今日のリベラル・デモクラシーに対抗するための梃子になっているのはたしかだと思います。ただね、実行犯が出てきた背景は、社会統合の失敗や不十分さが温床ではあれ、外国からの指令や呼びかけによるものではないですか。「アラビア半島のアルカイダ」（AQAP）が犯行声明を出していますよね。フランスはこの間、アメリカとともに空爆に参加して、外国で軍隊を動かしている。その影響で、犯行が行われたというのが現実なんじゃないかと私は思っています。ただシャルリ・エブドの性質からして、どうしてもフランスの国内統合についての議論に飛び火するんですけどね。

鹿島 事件の実行犯であるクアシ兄弟の側から迫ってみる必要もあると思います。クアシ兄弟に刑務所で影響を与えたというカリスマがいるんです。その人は今はパリのどこかの病院で看護師をやっている。事件後、クビになっちゃったらしいけど。その人にインタビューした人のレポートをネットで読んでたら、彼はクアシ兄弟がテロに走ることを断固禁じたそうです。「テロリズムはイスラームの考え方とはまったく違う」と言ったんだけれど、とうとう抑えが効かなくなっちゃったということです。

ただ、クアシ兄弟がそのカリスマに影響を受けて、そこから飛躍していったというのはたしかなんですね。必ずどこかに中間的なカリスマが存在するんです。たとえば、戦前日本の血盟団事件にも井上日召という途中から日蓮宗に入った坊さんがいた。この人は学歴にアクセスしていて、社会の下層ではありません。学歴にアクセスできるかどうかは重要なことで、テロリストっていうのはまったく学歴のないところからは生まれないんです。日本の戦前でいえば、少なくとも旧制中学レベルに行ける人たちでなければならない。昔の中学レベルっていうのは、今の大卒よりはるかに少ないですからね。そして、その人たちが社会の格差にぶち当たる。この社会の格差も、絶対的な貧困

じゃないんです。「近くに富があるのに、そこにアクセスできない」というフラストレーションがある状態。そうして井上日召みたいな人のところに、井上準之助や団琢磨を暗殺する小沼正や菱沼五郎が集まってくる。勉強会のようなものを開いているうちに、だんだん過激になっていくわけです。

堀 私は、原理主義的なものが生まれたり、あるいはそれがテロに転化したりするのは、実は狂信的な宗教的情熱が燃え上がった結果ではないと思いますね。原理主義は、宗教なり信念なりが希薄化して、危うくなって、不安にかられた時に起きるリアクションなのではないか。たとえばホメイニによる反動革命がいったん起きたイランでは、水面下でイスラームの空洞化が進んでいました。いまフランスから「イスラム国」に合流していく若者は、無宗教の層から出ていると言われています。この人たちも足場を失ったんじゃないでしょうか。フランスの無神論者は、反教権主義で強大なカトリックをやっつけることに自分たちのアイデンティティを見出していました。ところがフランスのカトリックは、実践している信者が5％を切るほど弱体化しています。聖職者になるフランス人もほとんどいない。そこで敵としても味方としても強力な宗教に見えるのがイスラームなんだと思います。自分たちのマテリアルな生活を超える聖なる価値が見えなくなる中で、そのスピリチュアルなものの空洞を埋めてくれるように感じられる。これがフランス社会の混乱の背景にはあると思います。

伊達 よく「ライシテとイスラームは根本的に発想が違うからうまくいかない」という話を聞きますが、それは違うということを強調しておきたい。

イスラームは「政教一致」だと言われます。これは理念としてはそうだけど、「イスラーム＝政教一致」という言説自体が近代ヨーロッパによって強化されたものだという研究がある。

18世紀のヨーロッパだと、イスラームは「専制主義」（デスポティズム）と呼ばれました。ところが19世紀になると「神権政治」（テオクラシー）という言い方になってきます。「政教分離」の鏡としての「政教一致」は、ヨーロッパによって作られた側面があるんですね。

ラルースの『19世紀世界大百科事典』には、「ムスリムが流した血はキリスト教徒が流した血よりも少ない」という趣旨の記述があります。ラルースは反教権主義ですから、カトリックよりも聖職者階級のないイスラームのほうがライシテの考え方を受け入れやすいと考えたんでしょう。このような例はいくらでも見つかります。

現在のフランスは人口の6〜10％がムスリムだと言われていますが、ライシテの原則に異議を唱えるムスリムはほとんどいないと言っていい。「ライシテとイスラームは共生できない」と言うのは、行為遂行的な発話なので、やめたほうがよい。社会的な処遇こそが本丸です。「いかなるライシテが共生を可能にするのか」という問いと政策を積み重ねなければいけないのだと思います。

092ページに続く

2

Pourquoi « tout est pardonné » ?
なぜ、すべてはゆるされるのか？

ライシテの再強化が道を踏み外さないように

伊達 聖伸

　今回の事件発生から1週間、700万部を刷ったというシャルリ紙特別号。表紙の風刺画をどう理解すべきかについては、SYNODOS（シノドス）に寄稿された関口涼子さんの記事が、いち早く的確に文化翻訳の問題を指摘している。本稿では、表紙をめぐって論説記事を取りあげることからはじめたい。

　記事はまず、無神論による宗教風刺で鳴らした今回の犠牲者たちのために、ノートルダムの鐘の音が鳴ったのは「奇跡」だと、持ち前のユーモア・センスでおどけてみせる。次に、事件以来《私はシャルリ》の文字を掲げて支持してくれた多くの人びとに心より感謝すると述べつつも、急増した支援者のなかには一時的な支持の者もいるだろうとの認識を示している。だが、最も特徴的なのは、《私はシャルリ》という言葉は、「私はライシテ」という意味でもあることを理解しなければならないと明言されていることだ。

　ライシテがここまで重要な概念として前面に押し出されているのは印象的だ。2006年2月、前年秋にデンマークのユランズ・ポステン紙が掲載したムハンマドの風刺画12点をシャルリ紙が転載した号では、論説記事は表現の自由を大々的に擁護しているが、ライシテという語は目立たない。この語が今回大きく取りざたされたのは、フランス社会の根幹を支える原理に挑戦する事件だと受け止められたことによるのであろう。

　1月13日、ヴァルス首相はシャルリ紙襲撃事件に絡む17人の犠牲者を悼む国民議会での演説のなかで、共和国の価値の筆頭にライシテを挙げ、それが統一と寛容を保障するとしたあと、教育において最も重要なのは「ライシテ！ ライシテ！ ライシテだ！」と3回連呼した。首相はまた、イスラームはフランスに確固たる居場所を持ち、ムスリムであるフランス国民の保護が急務のひとつだとも述べている。

　これらを踏まえて、3つの論点を提起したい。第1に、表現の自由とライシテの関係。第2に、シャルリ紙の論説にせよ、ヴァルスの演説にせよ、ライシテの原則の確認と強化を訴えているが、いかなるライシテがムスリムとの共生を可能にするのか。第3に、ライシテ対イスラームではなく、ライシテ対過激派という対立構図を拵えることの意義。いずれも大きな問題だが、なるべく簡潔に要点をつかみ出してみたい。

ライシテと表現の自由の関係

　ライシテを一義的に定義することは難しいが、市民権と宗教的帰属の分離、良心の自由と礼拝の自由の保護、宗教に基づく差別の撤廃、国家が宗教や絶対的価値観に支配されないこと、国家の諸宗教に対する中立性などが重要な構成要素となる。

　フランスでは、このようなライシテに基づく体制は、旧体制下で大きな権力を握っていたカトリック教会を批判することで構築されてきた。そのために命を落

とした者もいる。表現の自由は宗教の冒瀆を通じて勝ち取られてきたといっても過言ではない。

一方、表現の自由は無制限のものではない。名誉毀損や人種差別的な発言は取り締まりの対象となる。いわゆるヘイトスピーチは表現の自由の埒外だ。要するに、相手の思想や信条や宗教を批判することは何ら問題がなく、嘲ることさえ許されているが、相手そのものを侮辱し中傷することは許されないのが、フランスの表現の自由の特徴である。

この表現の自由とライシテの結びつきは、必然的なのか。良心の自由と礼拝の自由は、ライシテを構成する本質的な要素である。ライシテ体制においては、信じる権利および信じない権利が保障され、宗教的多元主義が尊重される。一方、思想を批判し宗教を冒瀆する自由ないし権利は、ライシテが取りうる一形態ではあっても、必ずしも不可欠な構成要素ではない。ただし、フランスの歴史を振り返ると、反教権主義が共和国の形成において果たした役割は大きく、表現の自由とライシテが混同されるのも無理はない。

いずれにせよ、確認しておきたいのは、そもそも表現の自由は、宗教であれ世俗的なイデオロギーであれ、絶対的な権威に対する批判を通じて解放感をもたらしたゆえに尊いということだ。そう考えると、政治権力を脅かしかねない存在だったかつての宗教と、市民社会の一角を占めるにすぎない現在の宗教を風刺することの意味は同じではない。

風刺する相手との権力関係に加え、瀆神と名誉毀損を区別する分析的な思考が、今日の世界でどこまで通用するかという問題もある。自分が大切にしている存在が侮辱されることと、自分が侮辱されることを等価で受け止める感覚を、一蹴することは妥当だろうか。

ライシテとイスラームの共生

今回の事件を受けて、オランド大統領は1905年の政教分離法が公布された12月9日をライシテの記念日とすると発表した。ヴァロー＝ベルカセム国民教育大臣も、ライシテに基づく教育を強化する方針を打ち出した。共和国の教育を受けることによって、人は批判的精神を備えた自律的な市民になることができるという確信と、それを支えるだけの実績を挙げてきた自負がここにはある。実際、フランスとしては、ライシテの再強化よりほかに選ぶ道はないだろう。問題は、それがいかなるライシテなのかである。

ライシテの歴史をたどると、もともとは右派のカトリックに対抗する左派の原理であったが、カトリックがライシテの枠組みを受け入れ、左右の政治的な対立が次第に和らぎ、1989年のスカーフ事件が発生すると、右派からも回収可能なナショナル・アイデンティティとなっていく。ライシテとムスリムの共生が課題と言われはじめるのもこの時期からだ。

イスラームは政教一致、ライシテは政教分離で本来的に発想が異なるという見解もあるが、フランスのムスリムは基本的には政治的原則としてのライシテに異議を唱えていない。宗教としてのイスラームとライシテを対置させる議論の立て方は、実際にムスリムが置かれている

社会的処遇という、より本質的な問題をしばしば見えにくくする。

今日のライシテは、政治的には右派から左派まで、さらに言えば極右から極左までをもカバーする。多くの在仏ムスリムも、ライシテの原則そのものには賛同している。だからこそ、「ライシテ」は「反テロ」で国民を結束させる符牒としても機能する。だが、その内実は一枚岩には程遠い。今回の事件後、ムスリム排斥運動が盛りあがることのないよう、ムスリムと過激派の混同を戒めることが説かれているが、フランス市民の共生の拠り所となるライシテと、ムスリム排斥に口実を与えるライシテも混同できないと言うべきだ。

《私はシャルリ》は「私はライシテ」という意味でもあるというシャルリ紙の論説の主張が、和解と連帯の呼びかけであって挑発ではないことは、表紙を飾った Tout est pardonné に込められた意味に照らせば明らかになるだろう。だがそのライシテ観は、テロに対しては《私はシャルリ》の側につくが、風刺画に賛同しているわけではないというムスリムが望ましいと考えるライシテ観と、果たして同じものだろうか。

学校で共和国の理念を改めて強調するのはよいだろう。だが、一部のデリケートな地域では、事件の犠牲者を悼む黙禱を拒否した生徒の事例が報告されている。共和国は自分たちの運命など気にかけていないとしか思えない生徒たちに、ライシテの精神を浸透させたいのであれば、権威的で厳格な姿勢はかえって逆効果になるおそれもある。

ライシテ監視機構(オブセルヴァトワール)は首相の直属機関だが、ヴァルスの厳格な姿勢に比べると、オープンなライシテを構想している。同機構は事件後、ライシテに基づく宗教教育の充実、国内でのイマーム養成のために私立のイスラーム学の機関の創設を支援すること、刑務所で受刑者が過激派の影響を受けずに済むようにムスリムの聖職者を補充することなどの提言を行なった。ところが、同機構の一部のメンバーは、この提言は共同体主義的なもので、目指すべきライシテではないと不協和音を奏でている。

ライシテ対反社会的過激派

今回の襲撃事件の容疑者は3人ともムスリムだが、もともと地域社会に溶け込んでモスク通いをしていたわけではなく、社会から排除されて急進化していったと報じられている。だとするならば、この現象はライシテ対イスラームの構図よりも、反社会的なセクトの問題としてとらえるほうが妥当である。この見方は、ムスリムにレッテルを貼るのを避ける点からも望ましいと言えよう。しかし、暴力的なテロ行為は決して容認できないが、今回のホームグロウン・テロが起こった原因の一端は社会の側にもあるはずだ。その反省と検証を欠いたまま、「テロとの戦争」にライシテを担ぎ出すとしたら、それはすべてを批判の対象に据えるライシテの精神にもとる振る舞いであろう。

だて・きよのぶ　1975年生まれ。上智大学外国語学部フランス語学科准教授。著書に『ライシテ、道徳、宗教学』、訳書に『フランスにおけるライシテの歴史』(共訳)、『セクトの宗教社会学』など。

政治的装置としての風刺画

小倉 孝誠

　事件の直後に出たフランスの新聞では、「これはフランスの9・11である」という見出しが紙面を飾り、有力週刊誌エクスプレスは、この事件を機に社会がそれ「以前」と「以後」に分けられるという論陣を張った。それほどまでに1月7日の出来事は、フランス人の価値観に荒々しい挑戦状を突きつけた衝撃的な事件だったということだ。フランス全土で繰り広げられた、数百万人に上る市民の街頭デモがそれをよく証言している。

　周知のように、恐ろしい事件の引き金は、シャルリ紙が掲載した預言者ムハンマドの風刺画だった。この新聞はヴォランスキ、カビュなど、その業界で有名な風刺画家を編集部の一員にしていた。シャルリ紙だけではない。フランスを代表する新聞ル・モンドの一面にも、毎日のように風刺画が載る。風刺画を掲載するのはフランスのジャーナリズムの伝統であり、政治家、財界人、その他各界の有名人をユーモラスに、そして時にはかなり辛辣に揶揄する図像は、フランス人読者にはおなじみだ。明治期に来日し、雑誌『トバエ』などを発刊して当時の日本の政治状況、世相、そして庶民の生活スタイルまでを、鮮やかな風刺画に仕立てたジョルジュ・ビゴー（1860-1927）がフランス人だったのは、けっして偶然ではない。またフランスだけでなく、イギリスでも有名な風刺週刊誌『パンチ』が1841年に創刊されているから、風刺は西洋文化に根付いた精神である。

　もちろん今回の風刺画に対しては、イスラーム教徒以外からも批判がある。偶像崇拝を禁じる、したがって預言者ムハンマドを愚弄するような絵を断じて認めないイスラームの戒律を、シャルリ紙が知らなかったわけではない。知っていながら、そして以前からイスラーム過激派の脅迫を受けながらあえて図像を公表したのは、危うい挑発行為だったのではないかという留保が可能だろう。

　もともとこの新聞は煽情的な、時にはいささか品位を欠く風刺画で物議を醸してきたし、それが売りでもあった。フランス人の中にも、シャルリ紙の論調に眉を顰める向きは少なくない。あらゆるフランス人が擁護しているのは表現・報道の自由であって、シャルリ紙の紙面そのものではない。

七月王政期の風刺新聞

　いずれにしても、新聞や雑誌に風刺画が掲載されるというフランスの伝統は、かなり古い時代にまで遡ることができる。フランス革命時代には、ルイ16世を太った豚に、王妃マリー＝アントワネットを女面鳥身の怪物(ハルピュイア)になぞらえた瓦版が出回り、その後の第一帝政期には、王党派が皇帝ナポレオンを皮肉った。王政復古時代になると、自由主義派の新聞が国王とその側近を批判する戯画を載せて、王政の打倒に貢献した。風刺新聞は政治的な効果をもたらしたのである。

　風刺新聞がもっとも輝きを放ったのは、七月王政期（1830-1848）だろう。表

現の自由が回復し、産業革命にともなって印刷技術が進歩し、鉄道ができて印刷物の流通がより円滑になり、教育制度の整備によって識字率が上昇して読者が増えたこの時代は、フランスで近代ジャーナリズムが成立した時代にあたる。風刺新聞もまた大きく発展した。それは同時に、風刺画を描く挿絵画家たちに、発表の機会と収入源を保証することにつながった。週刊の『カリカチュール』や日刊の『シャリヴァリ』など、ジャーナリズム史上、そして風刺画の歴史で重要な位置をしめる新聞が誕生したのが、まさにこの時代である。両方の創刊に携わったのが、シャルル・フィリポンというジャーナリスト兼挿絵画家だった。

七月革命によってブルボン王朝の復古王政を倒し、当初は民衆の期待に応えてくれそうだったオルレアン朝のルイ＝フィリップだったが、やがて反動的な姿勢を露わにし、保守的な金融ブルジョワジーと手を結ぶ。革命の成就に大きな貢献をしたパリの民衆や共和派の人々からすれば、裏切られたという印象が残った。『カリカチュール』と『シャリヴァリ』は、思想的には共和主義であり、国王や保守派の政治家たちを揶揄する戯画と記事を発表していった。フィリポンが国王ルイ＝フィリップの下ぶくれ顔を洋梨になぞらえた有名な戯画は、この時に描かれたものだ。

また単独で発表された同じくフィリポン作の《シャボン玉》と題された版画では、国王がテーブル上に置かれた「七月の泡」をストローで吸い上げ、「報道の自由」、「民衆による選挙」などと書かれたシャボン玉を吹き出しているが、もちろんそれはすべて消え失せることを暗示している。この風刺画は国王の尊厳を損なうとして差し押さえられ、作者は裁判にかけられた。風刺新聞の発行はこのように、権力と悶着を起こす危険と背中合わせだったのである。

『カリカチュール』と『シャリヴァリ』は幸いにも、協力者として才能あふれる挿絵画家に事欠かなかった。ドーミエ、グランヴィル、アンリ・モニエといった、当時を代表する画家たちが、すぐれた技術と創意にもとづいて、明確な政治的メッセージをはらむ風刺画を次々に発表した。その中には、言論の自由を抑圧しようとする政府に強く抵抗する意志を表示するような作品も含まれていた。

1835年7月にルイ＝フィリップ暗殺未遂事件が起きてからは、当局の締め付けが厳しくなるが、それでも新聞の方針は揺るがなかった。当局は不穏当、あるいは侮辱的と判断した風刺画に対しては差し押さえ、罰金、保証金の強要、訴訟、果ては作者の逮捕などの措置を取るのをためらわなかった。風刺新聞は権力や司法との軋轢を覚悟しなければならず、それと闘う中でみずからのレトリックを磨いていったと言えるだろう。

新聞と社会批判

短い第二共和政を経て成立したナポレオン3世の第二帝政（1852-1870）は、検閲を復活させ、報道と出版を厳しく統制した。風刺新聞にとっては冬の時代である。風刺は政治や権力への批判を回避して、社会や風俗の批判にシフトしていく。

やがて第三共和政期になると、1881年の法律によって報道・出版の自由があらためて保障され、フランスでは多数の新聞・雑誌が叢生した。実際19世紀末から20世紀初頭にかけて、フランスには発行部数が100万部を超える日刊新聞が4紙もあり、これは当時としては世界最大の部数だった。現在のフランスで最大の発行部数を誇る新聞でも、せいぜい70万部ほどだから、この時代はフランス大衆ジャーナリズムの黄金期だったことになる。

そのような状況において、風刺画が政治批判、社会批判の手段であることに変わりはなかった。19世紀末のフランスを揺るがしたドレフュス事件に際しては、ドレフュス派、反ドレフュス派両陣営の新聞が辛口の風刺画を掲載した。ドレフュス擁護の論陣を張った作家ゾラが、反ドレフュス派の新聞から激烈な中傷、今日の基準からすれば許容範囲を超えるような激しい個人攻撃を浴びせられたのは、この時期である。

ベル・エポック期には、『バター皿』（俗語で儲け口という意味あり）という風刺専門の週刊紙が誕生した。文章はほとんどなく、カラー図版とキャプションだけから成る新聞で、売買春の世界、植民地主義、警察と司法、精神病院など、さまざまな社会機構に容赦ない批判の鉾先を向けた。同じ頃誕生した『カナール・アンシェネ』（1915年創刊）は、現在まで続く風刺新聞の古参である。今回テロの標的とされたシャルリ紙は、このような波乱に満ちた長い歴史を引き継ぐ新聞なのである。

余波の射程

テレビやインターネットが普及した現代では、風刺新聞がかつてのような政治的インパクトを発揮することは難しいし、その役割もまた変化した。今では風刺画が、政治家や著名人の巧みな宣伝工作に利用される可能性さえある。とはいえ今回の事件とその余波は、政治的な波紋を及ぼす風刺新聞の伝統がフランスで廃れていないこと、それを支持する市民が存在することを雄弁に示してくれた。

19世紀から20世紀初頭にかけて、フランスはめまぐるしい体制の変化を経験し、国家を分断の危機にさらすようないくつもの重大な出来事に直面してきた。そうした中でフランス人が主張し、勝ち取り、守ろうとしたのが報道・表現の自由だった。フランス人はあらゆることについて議論するのが好きな国民であり、およそ権力に対しては常に異議申し立てするのが彼らの習性である。現在でもそうだが、フランスの新聞・雑誌に載る風刺画は、単にユーモアを含んだ、おもしろい図像というだけのものではない。それはあらゆる権力や権威を批判する、きわめて政治的な装置として機能してきたのである。

おぐら・こうせい　1956年生まれ。慶應義塾大学文学部教授。フランス文学・文化史。主な著書に『革命と反動の図像学』、『愛の情景』、『パリとセーヌ川』、『身体の文化史』など、主な訳書にユルスナール『北の古文書』、フローベール『紋切型辞典』、コルバンほか『身体の歴史』など

諷刺画と自由の歴史

野村 正人

　シャルリ・エブド事件のニュースに接して、フランスでは政治諷刺画がいまも存在感を持っていることに驚いた日本人も多かったのではないだろうか。確かに、昨今の日本では諷刺画が人の目に触れることはあまりない。『大政界』を描いたいしひさいちのような優れた諷刺漫画家もいるが、一般の新聞ともなれば、たまに毒の薄い諷刺がお飾りのように載っているばかりだ。一方、フランスには発行部数4万5000部の週刊諷刺新聞シャルリ・エブドのほかに、40万人の読者を持つ、同じく週刊諷刺新聞の『カナール・アンシェネ』があり、諷刺画はいまも生き続けている。

　なぜフランスでは諷刺画が大きな役割を果たしているのか。この大きな問題に正面から答えるのは難しいが、それはフランスにおける新聞雑誌の歴史、さらには表現や出版の自由の歴史と結びついていると思われる。ここでは、フランスで諷刺画が公的に認知されるまでの歴史を紐解いて、諷刺画の役割に光を当ててみたい。

　諷刺画が、新聞雑誌と同じく、国自体を動かすような影響力をフランスで持つようになったのは大革命以降のことだ。旧体制下で存在しないも同然だった民衆が、革命期に政治の表舞台に踊り出てくると、どの政治勢力も彼らの動向を無視できなくなる。憲法が意見表明の自由を保障し、技術的に大量の印刷物をつくりだすことが可能になると、不特定多数の人間に向けて、新聞雑誌や政治文書が洪水のように生み出される。なかでも諷刺画は識字率の低かった民衆に働きかける手段として有効だったために、反革命分子を攻撃するカリカチュアが数多く生み出されるようになった。

　しかし諷刺画は両刃の剣である。革命政府は敵対する勢力のプロパガンダを恐れ、諷刺画を厳しく規制するようになる。その意味で諷刺画は世相を面白おかしく映しだすものというより、強力な政治的武器であった。以後、表現や出版の自由を求める運動と歩調を共にする諷刺画は、ほぼ1世紀後に完全な自由が保障されるまで、時の権力による抑圧と自由化のあいだを揺れることになる。

　この点で重要なのは、七月革命後の自由をめぐる政府と共和派の戦いである。保守派と革命主体の共和派との妥協の産物として生まれた七月王政は「進歩的」なルイ゠フィリップを国王に立て、検閲を廃止することを憲章に明記した。ところが新政府は次第に保守化していったので、それを裏切りとする共和派などが激しい反政府運動を繰り広げる。なかでもシャルル・フィリポンを編集長とする週刊諷刺新聞『カリカチュール』は、ドーミエ、グランヴィルなどの画家を使って、国王や政府の要人を標的とする辛辣なカリカチュアをつぎつぎに発表していった。

　これにたいして、検閲を使えない政府は、国王の肖像を侮辱的に使ったとして、名誉毀損罪で告発する迂回戦術をとる。政府はそれ以降、訴追を繰り出して諷刺

画を牽制しようとしたのだが、今度はフィリポンのほうが、規制の網をかいくぐる暗示的、隠喩的方法を使って政府の裏をかこうとする。それが有名な「洋梨」の諷刺画である。フィリポンは顔かたちの類似から、国王ルイ゠フィリップを洋梨に喩えるという意表をつくアイデアを編み出し、ありとあらゆる諷刺画にそれを登場させた。

洋梨が描かれた諷刺画は一大ブームとなって、国民のあいだに爆発的な勢いで広まっていく。パリの壁という壁が洋梨の絵で埋め尽くされたというくらい、当時の庶民たちは老いも若きも国王の諷刺画を嬉々として描いていたという。

ところが諷刺画の危険性を政府が肌で感じる重大な事件が起こってしまう。それが1835年7月28日の国王暗殺未遂事件だ。無政府主義者フィエスキら3人が、七月革命の5周年を祝うためブールヴァールを閲兵するルイ゠フィリップ国王の命を狙った。国王はかすり傷で済んだものの、モルティエ将軍以下18名が死亡したという。事態を重く見た政府は、事件の背後には新聞、とくに諷刺画の影響があると考え、図画の事前許可制を柱とする「九月法」を成立させた。これは政治諷刺画の弾圧であり、検閲の復活を意味した。

事件と諷刺画のあいだには直接の因果関係はないが、政府にそうした口実を与えるような状況があったのだ。さきほど挙げた洋梨の比喩では、国王自身を登場させたのではとても描けない過激な表現も生まれていた。巨大な洋梨が農夫の手によって納屋に吊られたり、当時有名だった諷刺的人物のマイユーが洋梨にナイフを突き立てたりする場面を描くことで、不実な国王の処刑や暗殺を示唆する諷刺画が『カリカチュール』に掲載されていたのだ。

ところで、「九月法」で興味深いのは、規制の対象を図画に限り、文章はそれまでどおりの自由を保障していることだ。政府の説明によると、憲章が保障しているのは「みずからの意見を公にして、印刷する権利」であるから、図画は「意見」のうちに入らない。つまり図画は新聞の記事などとは違って、知性ではなく眼という感覚器官に訴えかけ、情動的な反応を引き起こすだけだというのだ。

体制側の人間がもっとも危惧していたのは、図画が一般民衆に強く働きかけることである。大革命後、為政者たちは彼らが途方もないエネルギーを持っていることを思い知った。民衆が動いた結果革命は実現したが、それはまた、民衆の動向によってはどんな政権も倒れうることを意味した。為政者にとって民衆は無知で教養がなく、理性的な判断力が備わっておらず、既存の権威に影響されやすい極めて危険な集団だったのである。もともとペンと紙とインクは人類3つの敵だと考える彼らにとって、新聞雑誌は社会の健全性を脅かす疫病であり毒物なのだ。そのうえ、諷刺画は文字を読むことができない無知な民衆たちに直接働きかけるさらに危険な媒体だった。

諷刺画の検閲は民衆を政治から遠ざけながら制御するために必要なものだった。これは七月王政政府が制限選挙を行って、一般民衆を政治決定の場から排

除したこととも関係している。民衆の力によって過激なジャコバン的共和政に引き戻されたり、教会の影響で反動化した民衆が国を封建化したりしたら、ブルジョワの特権が奪われかねないからである。

　こうした七月王政政府の立場に反対して、シャルル・フィリポンは、表現や出版の自由は不可分であり、文章と図画を区別してはならないと主張する。彼にとって、書かれた文章も描かれた諷刺画も方法こそ違え、意見を表明する手段なのだ。図画のほうが人々の注意を引きつける力が強いとしても、それは質的な違いではなく、たんに強弱の程度の差に過ぎない、と考える。また法律的にも、1830年の憲章ではいかなる印刷物にも検閲を行うことは禁止されているし、当局への発行紙の提出義務や保証金の支払い義務など、図画も文章とまったく同じ法律上の扱いを受けている。にもかかわらず差別するのはおかしいではないかというわけだ。

　熱烈な共和主義者であったフィリポンは、国民の諸権利とともに新聞の啓蒙的な役割を信じていたのである。もちろんそこには諷刺画も含まれていた。新聞は一般民衆を教育し、人間解放を促すものだった。実際に、彼の会社オーベール商会のショーウインドーには『カリカチュール』に掲載された政治諷刺画が飾られていて、いつも多くの人だかりができていた。人々がそこで判じ物のごとき諷刺の暗示を教え合い、議論しあう光景が見られたという。

　このような諷刺画をめぐる政府と反対派との争いは、二月革命、クーデタによる第二帝政の成立、普仏戦争と帝政の崩壊、パリ・コミューンから第三共和政の樹立と、めまぐるしく体制の変わる歴史のなかで、強弱の差こそあれ続けられた。そしてついに、1881年7月29日の法によって、ほぼ完全なかたちの表現や出版の自由が確立される。この時代になってやっと民衆も成熟し、社会統合が可能になったということであろうか。

　以上見たように、諷刺画が社会のなかで認知されていく過程は、もちろん表現や出版の自由を獲得していく戦いの一環だったが、図画である諷刺画は、言論とは違って、民衆の存在の位置づけという独自の問題を孕んでいた。諷刺画を認めることはある意味、完全なかたちでの表現や出版の自由を意味していたのかもしれない。

　フランスでの政治諷刺画の発展は自由の諸権利の問題と深く結びついている。それにしても、この諷刺画をめぐる戦いは、どんなに激しい対立があったとしても、同じ文明の土俵のなかでのことだった。しかし今回のシャルリ・エブド事件の場合、政治形態も文化も違うだけでなく、宗教的に偶像崇拝を禁止する人たちを相手にしているのであるから、諷刺画などというものが機能しようがない。それを知りつつもあくまで表現の自由を高々と掲げるフランスにわれわれは敬服すべきなのだろうか、それとも彼らを批判すべきなのだろうか。

のむら・まさと　1952年生まれ。学習院大学文学部教授。19世紀フランス文学・視覚メディア。著書に『諷刺画家グランヴィル』。訳書にゾラ『金』。『ふらんす』に「政治諷刺画展覧会へようこそ」を連載（2013年4月〜2014年3月号）。

三つの指輪
寓話としての宗教的寛容

宮下 志朗

1

　著名なイデオローグが、政教分離（ライシテ）というフランス共和国の基本理念に照らして、「宗教を批判することは絶対の権利」と述べて、預言者ムハンマドの風刺画を当然視して、返す刀で、テロリストを「たたきつぶせ」と威勢よく啖呵を切っていることに、違和感を覚える人々も多いのではないだろうか（1）。わたしもその一人だ。そもそもBHLことベルナール゠アンリ・レヴィは、「名誉を傷つける表現などは」法律が禁じていると最初に断っているわけで、このことに矛盾しないのだろうか？
　わたしには現代のフランスについてしたり顔をして発言する資格はないけれど、次のようなことを考えた。ここで有効な参照軸となりうるのは、1989年の「スカーフ事件」に関連して、レジス・ドゥブレが執筆した「あなたはデモクラットか、それとも共和主義者か」という論文ではないだろうか。彼の発言を引いてみる。

　「イスラムの女子生徒を、更衣室でスカーフをはずしてこないかぎり、教室に入れさせないという方針はどうか。『当然のことだ』と共和主義者は声高に言う。他方、デモクラットは、『いや、とんでもないことだ』といって憤慨する。前者は「ライシテ（非宗教性）」を口にし、後者は「不寛容」といって非難する。［…］〔「ライシテ」という〕「屋台骨」の要はデモクラシー（ほとんどの場合、非宗教的ではない）ではなく、共和国である。共和国は必然的に非宗教的である（2）」。

　つまり共和主義者は「ライシテ（非宗教性・世俗性・政教分離）」を根拠に、ムハンマドの風刺画も当然だとする理屈になる。BHLのロジックがまさにそうだ。ドゥブレはさらに、「共和制は普遍性の概念」に支配され、「デモクラシーはローカル性」で貫かれているとも述べている。だとするならば、わたしとしては、「ローカル性」あるいは「多様性」の肩をもって、風刺画による批判を「不寛容」だと非難したくもなる。
　宗教とは内心にかかわる問題である。そしてまた、信仰とは象徴・表徴を介して実践されるものだ。こうした非常にデリケートな部分に対して、きわめて挑発的に風刺をおこなうのは、やはり無神経ではないのか？　少なくとも、まっとうなジャーナリズムのすべきこととは思えない。今回は、そうした挑発に乗る、あるいは挑発を受けた形で、非道なテロリズムが実行されてしまった。
　そもそも、「ライシテ」というフランス共和国の基盤をなす理念は、宗教性を排除したものなのだろうか？　無宗教も含めて、宗教との共存を原理としていたのではないのか？　たとえば「人権宣言」（1789年）を読むと、「たとえ宗教的意見であっても、その表明が、法律の定める公の秩序を乱すものでない限りは、不

安にさせられてはならない」（第10条、高橋和之編、『世界憲法集』岩波文庫）とある。「ライシテ」は、この原則の上に築かれた、もろもろの信仰が共存できるプラットホームだったと、わたしは理解してきたのだが、まちがっているだろうか？ こうした「共存・共生」の理想を掲げ、「差異のなかにおける統一」として誕生したのがEUなのでは？ むろん移民問題など、さまざまな理由が考えられるものの、「政教分離（ライシテ）」を錦の御旗とした「排除」の論理が強まっていることに危機感を覚える。パリでのテロ事件以降、シャルリ・エブド紙の発売部数が大幅に上昇しているもの、むしろ無気味さを感じている

2

以上は前置きである。今回、一介のルネサンス研究者として想起したのは、被告の口から、異なる宗教の共存というメッセージが発せられた、16世紀末の異端裁判であった。被告とは粉挽き屋メノッキオことドメニコ・スカンデッラ、カルロ・ギンズブルグの『チーズとうじ虫』の主人公にほかならない。『チーズとうじ虫』は「ミクロ・ストーリア」の傑作として知られるが、原著が1976年と月日も経っているから、改めて紹介したい。

読み書きが得意で、複数の村を束ねる長（ポデスタ）の地位に就いたこともあるメノッキオが、キリストに関して「異端的かつ、きわめて冒瀆的な」ことばを吐いたとして、教皇庁に告発されたのは1583年。匿名の告発者は、村の司祭だと判明している。裁判で、彼は次のような特異な宇宙観を披露した(3)。

「すべてはカオスである。すなわち、土、空気、水、火のすべてが渾然一体となったものである。この全体は次第に塊になっていった。ちょうど牛乳からチーズができるように。そしてチーズの塊からうじ虫が湧き出るように、天使たちが出現したのだ。そして至上の聖なるお方は、それらが神であり、天使たちであることを望まれた」。

彼は、「司祭や修道士のところへ懺悔をしに行くのは、立木のところに懺悔をしに行くのと同じだ」とも口にして、カトリック教会の神経を逆なでする。こうして終身刑となったメノッキオだが、改宗しましたと恩赦嘆願を行って、それが認められる。故郷の村にとどまり、毎日、十字架印のついた上着を着るという条件で、わずか数年で釈放されたのだけれど、その「ビッグマウス」は健在で、1598年に再度告発されてしまう。

メノッキオは『マンデヴィルの東方旅行記』（架空の旅行記が当時人気を博していたというのだ）を読むことで、世界には「多様な人種とさまざまな法」が存在することを学んだ。これはモンテーニュが新大陸の旅行記を読むことで、「ある国と別の国の流儀のちがいは、もっぱら、その多様性でわたしを喜ばせてくれる。それぞれの習慣には、それぞれの理由があるのだから」（『エセー』第三巻第九章「空しさについて」）という、相対

性の感覚を我がものとしたことに通じる。さらに重要なのが、ボッカッチョ『デカメロン』第一日三話「三つの指輪」という寓話から、宗教的な相対性の視点、あるいは宗教的寛容思想を読み取ったことだ。彼は異端審問官に、この寓話を話して聞かせる。

「どうかお聴きください、猊下。むかしひとりの偉大な領主がいて、かれは自分の貴重な指輪を有するであろうものが自分の後継者になるであろう、と語っていました。死期が近づいたときに、領主は最初の指輪とそっくりのふたつの指輪をつくらせました。かれには三人の息子がおりましたので、三人にひとつずつ指輪をあたえたのです。三人の息子は、各々自分が後継ぎであり、本物の指輪をもっているのだと思いこんでいたのですが、指輪はどれもそっくりにできていたために、どれが本物かをはっきり示すことはできませんでした。これと同じように、父なる神は、ご自分の愛される多数の子供たちを有しておられる、つまり、キリスト教徒、トルコ人〔イスラム教徒のこと〕それにユダヤ人を有しているのです。また神はすべてのものに、自分の法に従って生きたいという願いをおあたえになったのですが、そのうちのどれがすぐれたものであるかはわからないのです。キリスト教徒に生まれたからには、キリスト教徒のままにとどまりたいと思うけれど、もし私がトルコ人に生まれついたなら、トルコ人のままでありたいと思うであろうと私が言うのは、このような理由からなのです」。

そこで審問官が、おまえにはどれが優れた法だかわからないのだなと尋ねると、彼はこう答えた。

「猊下、各々のものは自分の信仰がもっともすぐれていると思っているのですが、どれがもっともすぐれているかは知ることができない、と私は考えているのです。ただ私の祖父も私の父親も、この私もキリスト教徒でしたから、私はキリスト教徒のままでいたいと思いますし、この法がもっともすぐれていると信じているのです」。

長広舌をふるうメノッキオ被告と審問官の立場が逆転したような問答で、痛快きわまりない。ここで重要なのは、各宗教には、それぞれの「法」があるという認識であろう。メノッキオは、「神はすべての宗教を愛し、各々のやり方ですべてのものを救われるのだ」とも述べて、もろもろの宗教を相対化している。

ところで、『デカメロン』は、教皇庁による最初の『禁書目録』(1559年) に載せられ、「三つの指輪」の寓話の一部が削除された版が流通していたが、メノッキオはたまたま無削除版で読んだらしい。こうして彼は、三大宗教のみならず異端をも含めての寛容の思想に到達したのであった。

メノッキオの運命は？　ジャンヌ・ダルクと同じく、「異端に戻った者」とされた。「対抗宗教改革」が最高潮に達した時期でもあったから、教皇自ら、片田舎の老いたる粉挽き屋の死を求め、この「無

神論者」は見せしめに処刑された。あのジョルダーノ・ブルーノ（1548–1600）の火刑と同じ年のことであった。でも、今こそ、『デカメロン』の「三つの指輪」の寓話を拳拳服膺（けんけんふくよう）すべき時であろう。

そして、もうひとつ、「寛容」について考えた日本のユマニスト、「深い憂悩と祈願の人」（大江健三郎）の次のことばを噛みしめるべき時かと思われる。

「不寛容に報いるに不寛容を以てすることは、寛容の自殺であり、不寛容を肥大させるにすぎない。［…］不寛容的暴力に圧倒されるかもしれない寛容も、個人の生命を乗り越えて、必ず人間とともに歩み続けるであろう（4）」。

（1）ベルナール＝アンリ・レヴィ「宗教への批判は絶対の権利」、朝日新聞2015年1月20日付。
（2）レジス・ドゥブレ「あなたはデモクラットか、それとも共和主義者か」水林章訳、レジス・ドゥブレ、樋口陽一、三浦信孝、水林章『思想としての〈共和国〉』みすず書房、2006年。
（3）カルロ・ギンズブルグ『チーズとうじ虫――16世紀の一粉屋の世界像』杉山光信訳、みすず書房、1984年。ごく一部、句読点などを補った。
（4）渡辺一夫「寛容は自らを守るために不寛容になるべきか」、『狂気について』岩波文庫。

みやした・しろう　1947年生まれ。放送大学教授。著書に『本の都市リヨン』、『読書の首都パリ』、『ラブレー周遊記』、『神をも騙す』など、訳書にラブレー《ガルガンチュアとパンタグリュエル》全5巻、モンテーニュ『エセー』（全7巻、刊行中）など。

寛容と共和国
社会統合はどうあるべきか

宮代 康丈

　今回のテロ事件のあと、フランスではヴォルテールの『寛容論』がにわかに売り上げを伸ばした。カラス事件という宗教がらみの誤審裁判を題材とするこの著作と、イスラームに関わる風刺画の掲載に端を発するテロとの間に、何らかのつながりを見る思いをした人が多いのかもしれない。狂信を戒める『寛容論』の「すべての人をわれわれの兄弟と思わねばならない」（中川信訳）というメッセージは今もって色褪せていない。1月11日のパリでの「共和国行進」がヴォルテール通りを舞台としたことには象徴的な意味も込められていたのだろう。

　ただ、この度のテロがフランス社会に突きつけた問題は、カラス事件のそれと比べるとはるかに複雑で、国内外の状況がそこには絡みあっている。ここですべての論点を挙げることはできないが、寛容に関わるものはいくつか押さえよう。シャルリ・エブド紙は、1992年から今までに、政治家や宗教団体から48件の訴訟を起こされている。しかし、預言者ムハンマドの風刺画をめぐる2007年の判決を含め、39件のケースで無罪になっている。世論はというと、事件後の1月21・22日にフランスで行われた調査では、イスラームがフランス社会の価値と両立しないと答えた人は51パーセントであった。ただし、この数字は1年前よりも12ポイント、2年前よりも23ポイント少ない。また、宗教を愚弄する風刺画の出版に賛成した人は53パーセント、反対は9パーセント、個人的にはその手の風刺画に反対だが民主主義では自分の望む通りに述べたり公表したりできなければならないと答えたのは38パーセントであった（ル・モンド紙1月29日付記事）。《私はシャルリ》という標語の意味の曖昧さは夙に指摘されていたが、この調査結果にも、表現の自由の擁護と風刺画そのものに対する賛同とのちがいが見て取れる。なお、今度の一連のテロには、実行犯こそちがえ、ユダヤ系のスーパーを標的にした殺人・人質事件という人種差別の側面が含まれていたことも見落とせない。

　はたして、今回の事件では誰が誰に対して寛容であるべきだったのか。この点について、フランス社会においてだけでなく、民主社会一般にとっても考察の取り掛かりを与えてくれるのは、おそらくモンテスキューだろう。『法の精神』には次の一節がある。「ある国家の法律が多くの宗教を容認しなければならないと考えたときには、その法律はそれらの宗教が相互に寛容であるように義務づけることもまた必要である。［…］公民は、国家という公共体を動揺させないことで満足していたのでは法律に適合していることにはならず、他のいかなる公民にも混乱を与えないということもまた必要とされるのである」（上原行雄訳）。この引用文では、寛容の2つの考えが結びついている。1つは国家と宗教の関係であり、もう1つは異なる宗教的信念を持つ市民同士の関係である。まず、国家は宗教の多様性を認め、もろもろの宗教の共存を法律の目

的にしなければならない。国家が特定の宗教を真理として掲げ、その教えに従って政治をおこなうならば、国内における宗教の多様性は保障されえない。ここで原則をなすのは、国家は各宗教に対して中立を保たねばならず、信仰を理由とする差別をおこなってはならないということである。国家は宗教に対して寛容でなければならない。次に、寛容は宗教同士の間にも適用される。それぞれの宗教は、自らとは違う宗教的信条を持つ市民を脅かしてはならない。この原則の意味は、市民はお互いの信仰に対して寛容でなければならないということである。

　モンテスキューの言葉は18世紀半ばに書かれたものであり、各自が何かしらの信仰心を持っていることが前提になっている。とはいえ、無神論者の信念、また道徳的信条一般をも含めるかたちでそのエッセンスを捉えなおすことは難しくないだろう。宗教や道徳に関する意見や信条が問題になるとき、国家は中立であることによって、市民は信条の異なる他者の人格を尊重することによって寛容であるべきである。

　この寛容の原則が近代民主社会の土台をなすことは、1789年の「人および市民の権利宣言」に示されている。第10条は、たとえ宗教上の意見であっても、「法律によって定められた公の秩序を乱さない限り」、それを自由に表明してよいという権利を保障する。また、「思想および意見の自由な伝達は、人の最も貴重な権利の一つ」(第11条)である。これらの自由は無制約に行使できるものではないが、それらの「限界」を決める目的は社会の全構成員に平等な権利を確保することであり、かつその「限界」は「法律によらなければ定められない」(第4条)。そして、法律は「一般意思の表明」(第6条)、すなわち主権者たる国民の意思の表明である (条文は辻村みよこ訳)。

　このような観点から寛容を捉えると、今度の事件の争点の1つは、まさしく表現の自由のリミットである。現在のフランスでは、特別な経緯を持つ一部の地域を除いて、神への冒瀆は法律で罰するべき犯罪ではない。瀆聖罪で刑の執行が行われたのは1776年が最後である。瀆聖のような事柄が法律の管轄外になったことは国家の中立性のあらわれである。もっとも、表現の自由は法的レベルでも無制限ではない。どこまでが法律上の許容範囲かという点については論争が絶えないけれども、表現の自由にはいかなるリミットもないと主張する人は少ない。このことは、個人の自由を守るために道徳的制約をできるだけ減らそうとする立場においても同様である。フランスでのその代表格である倫理学者 R・オジアンも、他人を直接の対象として貶めたり屈辱や損害を与えたりする場合には、表現の自由は制限されると考える(「フランス・アンフォ」1月14日付ウェブ記事)。

　では、そのリミットはどのようにして定められるべきか。個人の自由の「限界」を定めるのは法律であり、その法律の正当性は主権者の意思に基づく。自由のリミットをめぐる対立は、まずは法廷に持ち込まれる。もし法律の規定自体に、あるいはその解釈に不服が残るのであれば、究極的には主権者たる市民の討議へ

と問題の解決は委ねられなければならないだろう。銃撃テロという暴力的手段は民主社会ではいかにしても正当化できない。もっとも、討議の結果としての決定であれば、なんでも正当化されるというわけでもない。フランスでは現在、「人および市民の権利宣言」は、法律といえども守らねばならない「憲法ブロック」と呼ばれるものをなしている。

権利をめぐる対立が法的手段へと、また市民の討議へと開かれているためには、政治社会はどのように組織されなければならないだろうか。社会学者D・シュナペールによれば、市民というものを特徴づけるのは、特定の文化に閉じ込められることなく、自己を解放できるという能力である。こうした市民のあり方の土台には、市民社会に生きる「私人の特殊性」と政治的・法的主体としての「市民の普遍性」との対比があるという(『市民権とは何か』富沢克・長谷川一年訳)。テロが起きてから、このタイプの社会統合が議論の的になっていることに不思議はない。「共和国モデル」の再考を求める論者(A・ルノー、M・ヴィヴィオルカ等)がいる一方で、むしろそのモデルの維持・強化を主張する者(D・サルナーヴ、K・カンツレール、R・ヤード等)もいる。問題は、フランス社会に歴然と存在する文化的多様性の事実と、ライシテを中心とするフランス流の共和主義との関係である。もちろん、公私の区別をただ消失させるのでは、宗教上の過激派と同じ穴の狢である。だが、寛容とライシテを峻別し、後者の独自性・優位性を強調する向きもフランスにはある。今度の事件以後、

啓蒙の精神に言及する論者は少なくなかった。ヴォルテールに見られるように、啓蒙主義は往々にして理性による宗教からの解放を旗印にした。この点はCh・テイラーなどが以前から批判しているが(『公共圏に挑戦する宗教』)、C・ラボルドのように、新たなライシテのあり方を模索している共和主義者もいる。それと同時に、硬直化の兆しもないわけではない。ライシテを1つの「文化」として捉えるR・ドゥブレ(『ヴェールが我々に覆い隠すもの』未訳)は、フランスでの政治は、1789年以来、「世俗宗教」であったのだとし、それを「啓示宗教」と対立させる(ラ・クロワ紙1月13日付記事)。このような発想では、ナショナルな文化的アイデンティティが個々人のそれと正面衝突しかねない。もしそのような方向に共和国が傾くならば、宗教を含む多様な文化的背景を持つ市民に政治社会が開かれているとは言いがたくなる。信仰・意見・表現をめぐる個人権の保護と、それらのリミットをめぐる討議への市民の参加という2つの要請を前にして問われるのは、フランスが今後どういう共和国観を打ち出していくかという点であろう。

みやしろ・やすたけ　1974年生まれ。慶應義塾大学総合政策学部准教授。専門は政治哲学。共著に『現代フランス社会を知るための62章』、訳書にジャック・ブーヴレス『アナロジーの罠──フランス現代思想批判』など。

フランスの1・11は9・11後を反復しない

三浦 信孝

バリバールの「三つの言葉」

1月11日、パリのレピュブリック広場からナシオン広場まで、130万人近いシャルリたちがテロの犠牲者を悼み、表現の自由を守るため行進したという。フランスの共和国理念に共鳴し共和主義者を自任してきた者として、私も現地にいれば当然、パリ解放以来という大規模な「共和国大行進」の列に加わっていただろう。しかしなぜかパリは遠く感じられ、日本から《私はシャルリ》のメッセージを送る気にはなれなかった。

私は12日に京都大学で行われる政治哲学者エチエンヌ・バリバールの講演を聴くため、前日京都入りし、長いあいだ宿題だった故・西川長夫の遺影にお線香をあげにお宅を訪ねた。前回バリバールが日本に来たのは2002年の秋で、西川長夫はアルチュセールの兄弟弟子への連帯感から、立命館大学でのバリバール講演「暴力とグローバリゼーション」の討論者をつとめていた。

したがって、今回の事件について私が最初に話を聴いたフランスの知識人は、もっとも話を聴きたいと思っていたバリバールであり、12日の京大講演では、1月10日付のリベラシオン紙にのった論考「死者たちと生者たちのための三つの言葉」が松葉祥一訳で紹介された。三つの言葉とは「共同体」、「不用心」、「聖戦（ジハード）」の三つである。

第1に、われわれに必要なのは「ユニオン・ナショナル」ではなく「共同体」である。社会的危機のスケープゴートにされがちな移民を排除せず、右翼の国民戦線支持に流れた労働者やウエルベックの小説の愛読者をも排除しない、喪と連帯と反省的考察のための、開かれた「共同体」である。「ユニオン・ナショナル」は、具合の悪い国内問題に蓋をして、フランスがマリやイラクでイスラム過激派制圧のため行ってきた空爆を正当化し、国民をさらなる対テロ戦争に動員する危険な論理である。「グローバル規模の内戦」に対抗するために必要なのは、「フロン・ナショナル」の向こうを張る「ユニオン・ナショナル」ではなく、内と外の国境を越えたコスポリティックな「共同体」でなければならない。

第2に、シャルリ・エブド紙の漫画家たちは、危険を軽視しあえてリスクを負う冒険心と一種のヒロイズム、それに挑発的風刺の結果起こりうる重大な事態に対する無関心、という二重の意味で、「不用心」だった。その結果、彼らは命を落とし、表現の自由は危機に瀕している。人間の命と表現の自由の両方を守るより賢明な方途を探さなければならない。

第3に、われわれの運命はイスラーム教徒とともにある以上、「聖戦」の意味を精査しなければならない。コーランには人を殺せとはどこにも書いていない。「聖戦」はイスラームの教えとは無縁である。今回のテロによって「ムスリム＝ジハーディスト」というアマルガムが大衆に刷り込まれたとすれば、テロの最大

の犠牲者はムスリム自身である。烙印を押されて差別され、屈辱をあじわっている移民の若者たちは、ジハーディストの誘惑に引き込まれやすい。「ムスリム＝ジハーディスト」のアマルガムを断ち切る理論的努力は、イスラーム教徒を含む「われわれ」の共通の責務である。イスラーム教徒を孤立化させてはならない。テロを防ぐには、テロを利用してますます軍事化する国家が、治安対策を強化するだけでは不十分だ。

この論考はバリバールが7日の襲撃のおそらく翌日に書いたもので、9日に起こったヴァンセンヌ地区のユダヤ系食材スーパーでの殺傷事件には言及がない。したがって、12日の京大での討論会では、「テロの最大の犠牲者はムスリム自身」という発言を大幅に修正している。

9・11や3・11に匹敵、しかし……

1月7日にはじまる一連のテロは、犠牲者の数や事件の性格こそ違え、まぎれもなく2001年ニューヨークの9・11や2011年に東日本を襲った3・11の大震災に匹敵する、21世紀世界の大事件である。ただし私は、パリのテロ事件とは初発の出会いで遅れをとった。

2001年の9・11のときは、パリから帰って家でテレビをつけたら、いきなりツインタワーに飛行機が激突し、空高く煙をあげてタワーが崩落する様が映し出された。しかし何が起こったのかわからない。いや、これは事故ではなく自爆テロだ。パリで事件を伝えるラジオの第一声は「カミカーズ！」だったと聞く。

2011年の3・11のときは、やはりパリの宿でテレビをつけたら、三陸に大津波が押し寄せ、あっという間に家々や車を押し流す様をみて、息をのんだ。私が子供のころ一時住んだ宮古や釜石も、濁流に飲み込まれたに違いない。翌日の昼便で帰国し13日の朝成田に着いたら、新聞が一面大見出しで前日の福島第一1号機の水素爆発を報じている。原発が爆発と聞いて不安にならないはずはない。成田からリムジンバスで都心に向かったが、地震後の東京はひっそりして人影なく、まるで死の街に入っていくようだった。

ところが2015年の暗い幕開けとなったパリ・テロ事件は、ニュースに接するのが24時間以上遅れたうえに、現地の生々しい映像を見ていないため、エモーショナルなレベルでのインパクトは弱かった。

1月8日の夕方、私は20年勤めた中央大学文学部での最終講義を終え、一部の同僚や友人、学生に退職を祝ってもらった。講義の演題は「ヴァレリーからルソーへ、文学と政治哲学のあいだ」とし、話すことは全部原稿をつくり、前日は配布資料をコピーするため大学に遅くまで残った。8日は朝から通常の授業もあったので、朝刊も読まず、パリで前日に大変な事件があったのを知ったのは夜遅く帰宅してからである。不思議なことに衝撃はなかった。不謹慎だが、ついに来るものが来てしまった、というのが偽らざる感慨である。

ただし、講義の参考資料に「フランス語を通して学んだ批判精神はフランスにも向けられる」として、朝日の2010年6月

10日付夕刊に寄稿した「偉大さ失った共和国　仏にブルカ禁止の動き」を加えたことを悔やんだ。

　記事の内容はこうである。共和国の理想と現実のあいだの乖離は2007年のサルコジ政権の誕生でひとつの臨界点に達した。フランス革命以来「左」が闘いとってきた共和国的価値を「右」が詐称して、「国民」と「移民」を対立させ、移民を排斥する方向で「ナショナル・アイデンティティ」のキャンペーンを上から組織したサルコジのフランスを、私は「偉大さを失った共和国」と評して批判した。

　その記事を、前日パリで惨劇があったとはつゆ知らず、犠牲者に哀悼の意を表することもなく配った不適切さを恥じたのである。

共和主義知識人の右旋回

　1989年秋に起こったイスラーム・スカーフ事件で、私ははじめて共和国のライシテ（非宗教性）原理の重要性に気づかされ、以来フランスの移民問題には注意を払ってきた。しかし、公立学校でのスカーフ着用を禁じた2004年の「ライシテ法」では不十分とばかりに、2009年にブルカ禁止の動きが高まると、私には、国教だったカトリックの独占支配に抗して信教の自由を保障する宗教共存の原理だったはずのライシテが、イスラーム系移民排除の原理に転化し悪用されているとしか思えなくなった。

　その背後には、1989年秋の有名なアピール「教師たちよ、怖れるな！」に署名したレジス・ドゥブレ以下5人の共和主義知識人、もっとはっきり言えばユダヤ系共和主義知識人の保守化と反イスラーム化がある。

　最近アカデミー・フランセーズ入りしたアラン・フィンケルクロートは、すでに2005年11月のパリ「郊外暴動」のとき、これを「共和国に対する民族的・宗教的ポグロム」と形容し、普遍主義の仮面をかなぐり捨てていた。

　ポグロムとはユダヤ人に対する組織的な略奪や虐殺を意味するロシア語で、20世紀初頭からロシアを中心に頻発したユダヤ人迫害に起源があり、のちにナチスによるユダヤ人虐殺もさすようになった。

　フィンケルクロートは、郊外暴動を黒人とアラブ人のイスラーム系移民による共和国に対するポグロムと呼ぶことで、ユダヤ系の地金をあらわにし、そのイスラモフォビア（イスラーム嫌悪）を公言したのである。

　1989年秋のアピールに署名したもう一人エリザベート・バダンテールは、パリテ法に反対したことで知られる、普遍主義フェミニストである。2009年にサルコジが「ブルカは女性の隷従の表徴であり、フランス共和国の領土内では歓迎されない」として大統領みずからブルカ禁止法の音頭をとると、それに呼応するように「ブルカを自発的に着用する女性たちへのアドレス」を発表し、せっかく男女平等を実現したフランスに住みながら、そんなにブルカを着用したいなら、一夫多妻制のもとで女性が虐げられるサウジアラビアやアフガニスタンに帰ったらどうかと呼びかけ、物議をかもした。

　バダンテールは最近「開かれたライシ

テ」論を批判して、ライシテは一つしかなく、マリーヌ・ルペンがもっともよくライシテの何たるかを理解していると発言しているから、「ライシテ原理主義者」と呼ばれても仕方がない。

1990年代の終わりから人々の精神の「ルペニザシオン（ルペン化）」が語られるようになったが、それとパラレルに、共和国の普遍的価値を掲げる一部のユダヤ系知識人の保守化・右傾化に私は注目してきた。

「一部のユダヤ系知識人」と言ったのは、フィンケルクロートの郊外暴動でのポグロム発言をもっとも厳しく批判した多文化主義の社会学者ミシェル・ヴィヴィオルカも、逆に『移民の運命』で「同化」をこそ移民統合の共和国モデルとして擁護した歴史人類学者のエマニュエル・トッドも、共にユダヤ系だからである。

なぜ《私はシャルリ》ではないか

「仏連続テロ1か月」後の2月6日、日経新聞はトッドのインタビュー記事「移民疎外　過激派生む」を掲載した。この記事は、1月12日付読売新聞の電話インタビュー以来、国内では孤立して発言を控えてきたトッドがふたたび日本のメディアに打ち明けたもので、冒頭に紹介したバリバールと重なる議論をよりストレートな物言いで語っており、私は大いに共感した。

トッド曰く、「私は事件前からシャルリ・エブドの風刺画を強く軽蔑していた。預言者ムハンマドのわいせつな風刺画を出版した新聞の神聖化には同意できない」、「フランスでは宗教の冒瀆と受け取られる表現でも権利として認められる。しかしキリスト教など自分たちや祖先の宗教を皮肉ることと、イスラームのようなほかの人たちの宗教を侮辱することは違う話だ。イスラームは郊外に住む職のない移民の心のよりどころになっている。イスラームを冒瀆することは、こうした移民のような社会の弱者を辱めることだ」（一部改訳）。

私も《私はシャルリ》とは言えない。それは郊外の学校に「私はシャルリではない」と小声で叫ぶ生徒たちがいるからだ。シャルリ・エブドの前身『アラキリ』を見たことがあるが、際物の新左翼系風刺新聞で、日本語を茶化してタイトルにするのはいかがなものかと思った。私はイスラーム過激派の自爆テロをカミカゼと呼ぶ間違いを指摘し、神風特攻隊の悲劇を説明するエッセイをフランス語で書いて講演したことがある。**Harakiri** も **Kamikaze** も、正確な知識にもとづかず、否定的なイメージで日本語を転用する悪しき翻訳の例である。

2012年にフランス2のバラエティ番組で、サッカーのフランス代表と対戦した日本チームのゴールキーパーに腕が4本ある合成写真を映し、司会者が「フクシマの〔放射能の〕影響か」と茶化して視聴者の笑いを誘ったことがある。福島の被災者が観たら心が傷つくだろう。フランス的諧謔精神も度を越すと文化の異なる人には通じず、顰蹙をかう例である。

ローマ法王フランシスコは1月15日、シャルリ・エブド事件をめぐり、「他者の信仰をもてあそんではならない」と述

べ、表現の自由にも一定の限度があるとの考えを示した。法王は、表現の自由は市民の基本的な権利であると強調し、神の名によって人を殺すのは常軌を逸しており、決して正当化できないと述べた。その一方で宗教をからかう者は挑発者だと指摘、他者の信仰を侮辱したり、からかったりしてはならないと語った（共同通信）。

1月11日の「共和国大行進」でフランスは真の「ユニテ・ナショナル」を回復しただろうか。

1月13日ヴァルス首相は国民議会で「フランスはテロとの戦争に入った」と宣言して喝采を浴び、1918年以来はじめて議員総立ちでマルセイエーズを唱和したという。私ははからずも、1914年7月31日に反戦平和を訴えるジャン・ジョレスが右翼の凶弾に倒れた数日後、右も左も「ユニオン・サクレ（神聖連合）」に糾合され、ポアンカレ首相がドイツに宣戦布告した過去を想い出した。

しかし、フランスの1・11は、2001年の9・11でアメリカが対テロ報復戦争に踏み出した歴史的愚挙を反復することはないだろう。フランスにも、9・11後のアメリカのように、非常時に個人の自由を制限する「パトリオット・アクト（愛国者法）」をつくろうという主張があった。私としては、パトリオット・アクトなき批判的パトリオティズムをフランスに期待したい。そのパトリオティズムは、普遍主義のナショナリズムを超えた、コスモポリティックなパトリオティズムでなければならない。

みうら・のぶたか　1945年生まれ。フランス文学・思想。中央大学教授。主著『現代フランスを読む──共和国・多文化主義・クレオール』、編著に『普遍性か差異か──共和主義の臨界、フランス』、『来るべき〈民主主義〉──反グローバリズムの政治哲学』、共著に『思想としての〈共和国〉』、『〈共和国〉はグローバル化を超えられるか』、共訳書にジャン・ボベロ『フランスにおけるライシテの歴史』など。

共和国の踏み絵
短絡の連鎖を断ち切るために

澤田 直

　1月7日のシャルリ・エブド襲撃以来、多くの事件が連鎖して起こり、その影響は日本にまで及んでいる。誰かれに出会うごとに、今回の事件について語らずにはおれないのだが、最初の情動(エモーション)からいまだ抜け出すことができず、きちんと話を組み立てることがむずかしい。

　本誌ふらんすの読者でも、今回の事件以前にシャルリ・エブド紙を実際に手に取ったことがある人は少数派だろう。それはフランスでも変わらない。公称6万部、実売はその半分と言われるこの新聞は、ごく一部の読者層以外には無縁の媒体(メディア)だった。ぼくが最初に接したのは、学生だった80年代半ば。親しくしていたフランス人教師が読み終わった新聞や雑誌をくれるなかに、ヌーヴェル・オプセルヴァトゥール誌やル・モンド紙に混じってシャルリ紙もあり、ある時期、それをよく手にしていた。彼（シュルレアリスムに心酔するアナーキストくずれ）は、「これこそ、読むべきものだ」と言っていたけれど、当時のぼくにはまるで理解不能で、そのナンセンス、というよりは下品なイラストについていけず、しっかりと目を通すには至らなかった（先見の明がなかった!）。その後できたフランスの友人たちにも愛読者はほとんどいなかったと思う。というわけで、古くから知っていたものの、深い付き合いはなかった。

　今回の襲撃事件によって、オランド大統領は、「フランス共和国の根幹が揺さぶられた」と宣言して、即座に反応した。これまで愛読者でなかったと思われるフランス人たち（ぼくの知人・友人たち）も、すぐさま反応して、街に繰り出し、《わたしはシャルリ》と連帯を示し、シャルリ紙を購入し、「きみの分も買っておいたよ」とメールをくれたりした。このように、普段は超然とした個人主義者でありながら、一朝事ある際には即座に共に反応するという、フランス革命以来の伝統に根ざした市民意識の発露には感動するし、日本でもこうあってほしいと思う。その一方で、フランス人でないものとして、一抹の不安も感じるのはなぜだろう。

　ひとつには、今回の襲撃事件ははたして言論の自由への挑戦なのか、という素朴な疑問だ。ろくでなし子の逮捕といい、サザン桑田佳祐の不敬罪疑惑での謝罪といい、「表現の自由」からほど遠い我が国のことは措くとして、ここで問題とされている「言論の自由」の普遍性とは何だろうか。シャルリ紙の主要な武器がイラストだったことは、今回の事件と直結している。もちろん文章もある。しかし、その記事は、論証的な文章ではなく、基本的なスタンスは「すべてを笑いのめす」という精神だ。その意味で、その表現はなによりも感性に訴えかけるものであり、理性に働きかけるものではなく、きわめて直截だ。批判精神があることは確かだとしても、それは分析的な次元ではなく、感情的(エモーショナル)な、さらには扇情的(センセーショナル)なものだ。したがって、身体レベルでの挑発が

同じような次元での反応を引き起こすことは、ある意味で当然なのだ。売り言葉に買い言葉のように。
　今回の事件でインターネットが果たした役割は大きい。短絡（ショートサーキット）が連鎖し、津波のようにカタストロフィが広がり、増殖していく。「シャルリ・エブド、画像」と打ち込むことで、誰もが即座にそのイラストにアクセスできる。昔ならば、フランスのキオスクの片隅でひっそり人目につかずにあったものが（ポルノへの敷居が低くなったことに似ている）、文脈をまったく異にする彼方へと接続される。そして、言語ではなく、戯画（イメージ）という直接的なメディアによって、それは無媒介的に、受け手によって判断される。発信者と受信者の間にメッセージの内包の共有はない。
　すでに多く議論されているが、冒瀆や侮辱か、それとも言論の自由か、という二者択一は成立しない。ハラスメントの場合と同じ構造だ。私にとって愛情の表現であることが、相手にとってはただの迷惑、ストーカー行為、ハラスメントなのはなぜか。「こんなに愛しているのになぜわからないの？」この点に関して日本を含む西洋社会では、現在はコンセンサスができている。相手が不快だと感じるならば、意図がなんであれ、それはハラスメントであり、ストーカー行為だとされる。そこには決して交わらない２つの線がある。にもかかわらず、ある種の戯画を「言論の自由」の名の下に「普遍的な価値」だと強弁するなら、そこには自文化中心主義がありはしないか。
　とはいえ、やはり「表現の自由」は、重要な権利として手放すべきではないだろう。ただし、それは何よりも権力者に対する弱者の有効な武器として以外のものではありえない（武器を誰に対して使うべきか、これが問題だ）。独裁者、圧制者、植民者に抵抗する手段としての弱者からのテロが、ぎりぎり許される「許されざる」行為でありえるように、あらゆる権力を戯画化し、笑いのめし、滑稽化する表現の自由に関しては、けっして弾圧されてはならないだろう。抵抗権であり、正統性を問い直す道具として。
　だが、ムハンマドの戯画を描くときに目指される風刺の標的はいったい誰なのか。原理主義者も「イスラム国」もそんなものを描かれても、けっして、心をぐさりとやられはしない。痛くもかゆくもないだろう。こうして、カリカチュアの矢は標的をはずれ、まったく別の人たち（一般のイスラーム教徒）が犠牲者となる。これこそ、軍事用語で言うところのコラテラル・ダメージ（巻き添え）である。なぜ、彼らが被害者となるのか。それはまさにフランス共和国の名においてだ。「穏健な」イスラーム教徒に突きつけられる、きわめて根本的な問いが顕在化するからだ。敬虔なイスラーム教徒であることと、世俗国家の価値を原則に生きることは両立可能なのか、という問いである。ユダヤ人たちは、世俗フランスのなかで巧妙にこの問題を回避し、自らの地歩を築いていった。一方、イスラームという言葉が、神への絶対的な恭順（帰依）を意味しているとすれば、それと同時に、共和国の大原則である「自由」を最大の価値と見なすことの間に齟齬はな

いのか。「表現の自由」が、そして自由が前面へと押し出されることで、この問いを回避することができなくなってしまう。

したがって、問題はやはり、共和国の根幹に関わるものだ。ムハンマドの戯画はまさしく、共和国の踏み絵となった。それが言語化されたものが、《私はシャルリ》であろう（ここでは、この日本語と西洋言語で言われた場合の間にみられる根本的な差異に触れる余裕はない）。この表現の危険性は、同一性（アイデンティティ）という発想そのものが孕む危険性だ。「私」の同一性は、他者を排除する「私たち」の同一性をしばしば暗々裡に内包しているからだ。《わたしはシャルリ》という発言は、そう宣言できない人を排除することで成立する。ジャン＝リュック・ナンシーやロベルト・エスポジトの共同体論とともに、エドゥアール・グリッサンの鋭い指摘が思い出される。「自己認識の二元性（市民がいて、外国人がいる）は、〈他者〉についての考え方（客がいて主がいる、旅立つ者がいて留まる者がいる、征服者がいてその獲得物がある）に影響を及ぼす。〈他者〉認識が二元的であるのをやめるのは、種々の差異が認識されたときだ」（『関係の詩学』）。

今回の事件を語る際にほとんど枕詞のように使われる、「どんな理由であれ、テロは許されない」という言葉（これは9・11のときにも言われた）もまた、ある種の普遍性への信憑に基づいた言説であり、ひとつの踏み絵だろう。今から50年ほどまえ、サルトルは日本で行った講演で述べていた。「たとえばフランスでは、知識人たちというか、自分で知識人だと称している人たちが、普遍性の名において、アルジェリア人のテロ行為を、フランス人の弾圧行為とおなじ資格で非難しました。『テロリズムにしろ、弾圧にしろ、私はあらゆる暴力を非難する』と。これこそ、ブルジョワ階級のイデオロギーに奉仕する、ニセの普遍性の実例です」（「知識人の役割」）。

普遍性と多様性という共和国が抱えてきた解決困難な課題が、今回の襲撃事件によって端なくも白日の下に曝されることになったのだとすれば、私たちは普遍性の根拠を考え直すべきではないか。宗教戦争の苛酷な時代を生きたモンテーニュは、「普遍性」の名によって判断することの危うさを説き、寛容の要諦について考察した。私たちも、「闘い」「戦争」「衝突」以外のタームで今回の錯綜した状況について真摯に考えようとするならば、まずは自明とされるライシテ（脱宗教性、世俗性）という普遍性をエポケーする（かっこに入れる）ところから始める必要があるのではなかろうか。フランスで起こっていることは、けっして対岸の火事どころではなく、この日本にまでつながっていることを、私たちはいま恐怖と戦きをもって実感しているのだから。

さわだ・なお　1959年生まれ。立教大学文学部教授。専門はフランス現代思想、フランス語圏文学。著書に『ジャン＝リュック・ナンシー──分有のためのエチュード』、『〈呼びかけ〉の経験』、『新・サルトル講義』、訳書にサルトル『言葉』、『真理と実存』、ペソア『新編 不穏の書、断章』、フォレスト『さりながら』、『荒木経惟 つひのはてに』など。

自由社会にとっての試金石

川出 良枝

　シャルリ・エブド事件がフランス国内のみならず、国際社会にかくも大きな衝撃を与えたのは、自由民主主義を基本原理とする体制や社会にとって、その対応を誤れば、その根幹を揺るがしかねない問題が透けて見えるからに他ならない。その意味で、自由で民主的な社会にとっての試金石となる事件である。そこで問われている問題については、少なくとも3つに分けて考察すべきである。

　まず、第1に、自由社会はその存立基盤を暴力および暴力による脅しによって破壊しようとするテロリズムの脅威から身を守らなければならないという、できれば直視せずにすませたい課題を生々しい形で突きつけられたということである。テロリズムは一部の狂信的な宗派のみが生み出すものではないし、そもそも宗教に限られるわけでもない。この語の語源がフランス革命のジャコバン主義に遡ることからも分かるように、左右を問わず、不可謬の真理を標榜するイデオロギーがテロリズムを格好の手段として用いた事例を歴史は既に何度も経験している。その経験から学んだことは、対立や紛争を暴力という手段を用いて解決することを放棄するという自由で民主的な社会の根底的な合意を暴力という手段で破壊する勢力に対して、自由社会は断固としてこれに抵抗し、戦わなければならないということである。

　第2に、自由で民主的な社会の生命線とも言える言論の自由がついかなる場合でも一切制限されないものなのかを、今一度検討する必要に迫られたということである。テロリズムの標的となったシャルリ紙は、過激なジハード主義者のみならず、フランス社会で平和に暮らす大多数のイスラーム教徒にとっても瀆神行為にあたる預言者ムハンマドの風刺画の掲載を、過去に何度も脅迫や合法的な抗議を受けていたにもかかわらず継続した。しかも、事件の後、「すべてが許される」（Tout est pardonné）という多義的なメッセージ——暴力に対し暴力の連鎖で報いるのではなく赦しで応じるとも、何があろうとも言論の自由にはいかなるタブーもないとも読める——とともに涙を流す預言者の図像をあらためて掲載した。この一連の表現行為については、この図像の転載をめぐって各国メディアの対処が分かれるなど、フランス国内外で意見が分かれた。「言論の自由」と「異なる宗教や価値に対する配慮」という2つの要請をどう両立させるか。事件が多くの論争を生み出したのは、主としてこの問題のインパクトの大きさによるからであろう。

　第3に、この事件は、様々な、しかも時に鋭く相対立する複数の価値が併存する社会における国家の役割をどう考えるか、という点でも一石を投じている。一般的には、国家は諸価値に対して中立的であることが自由民主主義の基本原理とされており、宗教に対しては、政教分離や脱宗教性（ライシテ）原則が掲げられている。だが、同じく自由と民主主義を

標榜する国家の間でも、その実態においてかなり幅があることはよく知られている。フランスは、スカーフ（ヘジャブ）事件とその後の宗教的標章法（2004年）が示すように、公的な場におけるあらゆる宗教の排除という点で他国と比べて突出している。信仰は私的な場における個人の営みであり、公共の場においては脱宗教・世俗主義を旨とするのが、フランス革命以降の共和国の原理である（もちろん、国内にもこの原理に批判的な立場もあり、脱宗教性のあり方も時代とともに変化している）。しかし、目立つ形で十字架を身につけたり、剃髪したり、スカーフで頭を覆って公立学校に通学することを禁じる法律が必要であるという感覚はイスラーム教徒ならずとも、そう簡単に共有できるものではない。だが、フランスの体制を単に特異なケースとして切って捨ててしまうのは一面的である。そもそも、政府があらゆる価値に対して厳正に中立的であることは可能か、暗黙のうちに多数派の価値を優遇しているのではないか、という疑問は問われてしかるべきだからである。共和国原理はそうした（とりわけアメリカ的な）自由民主主義の本音と建前の使い分けに対するアンチテーゼでもある。

　以上の3つの観点に注意しながら、事件について考察するとどういう問題が浮かび上がるであろうか。

　事件の後、同紙が再び預言者の図像を掲載する事態を受けて、日本国内でよく耳にする意見として「テロは許せないが、言論の自由を認めるにしても、他の宗教を冒瀆するのはいかがなものか」というものがある。だが、少なくともテロリストによる脅迫には屈しないという態度表明としてみるならば、事件後に事件前と変わることなく預言者の図像を掲載し続けることは正当な選択であった。テロとの戦いという点で、市民の間に相当広範なコンセンサスがあることは、それだけこの問題が市民生活に暗い影を落としている証左でもあろう。しかし、第1の観点から見れば正当化される行為であっても、問題はそれにつきるわけではない。

　では、第2の観点から一連の経緯を見直すとどうなるか。事件の後、過激な反ユダヤ主義的な言動でこれまでも物議を醸してきたコメディアンのデュドネ氏がユダヤ人4名を射殺したクリバリ容疑者のテロ行為を擁護するかのような発言をしたという嫌疑で訴追された。フランスでは、1881年に制定され、改正を続けている出版自由法により「個人もしくは集団に対して、その出自、もしくは民族、国家、人種、宗教に属する、または属さないことに起因する差別、嫌悪、または暴力」の扇動、「人道に対する罪」の事実の否定、テロリズムの擁護などに対し、司法の厳格な手続きを経て刑事罰を加えることが認められている。アメリカ合衆国憲法のように、表現の自由を包括的に認めるのとは大きな違いがある。だからといってアメリカで表現の自由がまったく制約されていないわけではない。表現の自由は理念としては絶対不可侵な権利であると規定した上で、たとえば「政治的な正しさ」という基準により、市民社会内部で相当踏み込んだ規制が行われ、人種差別的言論がメディアで幅をきかす

事態は存在しない。いかなる言論であれ、無制約に表現する自由が認められているというのはそもそも自由民主主義体制の現実ではない。今回の場合、人種的偏見を助長する言動を禁じつつ、なぜ宗教に対する継続的な侮蔑表現が許されるのかを合理的に説明するのは容易ではない。風刺と人種差別的扇動とは異なるという反論もあるかもしれないが、同紙の風刺画の過激な表現をみると、そのフランス風の高度なユーモアなるものをイスラーム教徒ならずとも万人が理解できるとも、また理解すべきとも思えない（同紙も過去に何度も訴追され、有罪になったケースもある）。だが、他方で、表現の自由への法的規制は劇薬である。特に、歴史的にみれば、神や宗教を否定することを禁じた時点で言論の自由は死滅すると述べても過言ではない。言論の自由に対する制限を法律で行うか、権利としてはいかなる言論の自由をも認め、市民社会における「自主規制」に任せるかは、それぞれの功罪をふまえて慎重に検討すべきであろうが、少なくとも後者のやり方でも、十分、目的は達成できることは強調すべきであろう。

最後に第3の観点に移ろう。フランス国内におけるイスラーム教徒の人口比は2010年のデータによれば7パーセントにのぼるという（Pew Research Centerの統計）。少数派といっても、あくまでもフランスの市民である。イスラーム系住民の意見に耳を傾け、新たな合意を作るのは共和国の精神から見ても当然であろう。共和国の成員は永遠に不変なわけではない。市民の性格が変化すれば、共和国の性格も変わる。シャルリ紙がイスラームだけでなく、キリスト教やユダヤ教も風刺の対象としたではないかという説明は一見もっともらしい。だが、もしもそこに集う書き手の立場が無神論や世俗主義であるならば、何らかの信仰をもつ者からみれば、それも数あるイデオロギーや「宗教」の一つに過ぎず、風刺画の公平さを証明したことにはなるまい。もっとも、政府が世俗主義からも中立的な立場に立つという事態は、革命以来の伝統をもつ共和国の自己認識からして、果たして受け入れ可能な選択肢かどうかは分からない。それを決めるのは、まさに少数派を含むフランス市民の「日々の人民投票」の結果であろう。現実問題としては、宗教の自由の優先順位を今よりも少しあげる道を模索することは必ずしも無理な方向ではないように思われる。

言うまでもなく、いわゆる「自国育ちのテロリスト」に苦慮しているのはフランスだけではない。イギリス、アメリカ、ベルギー、また、積極的な多文化主義政策をとるカナダでも類似の事件が発生した。国民国家を単位とする国際秩序が変容しつつある中、自由民主主義は今後いかなる方向で変化すべきか。問われているのは、何もフランスに限られるわけではない。

かわで・よしえ　東京大学法学部教授（政治思想史・政治理論）。著書に『貴族の徳、商業の精神』、『西洋政治思想史』（共著）、『政治学』（編著）ほか。

「アラブの春」から
シャルリ・エブド事件に至る道

私市 正年

　シャルリ・エブド事件は、犯人の襲撃と逃走と、それを警察が追撃する様子がテレビで流され、まるでドラマのようであった。しかし、あまりの衝撃性のゆえにパリ市民だけでなくヨーロッパ中が、いや世界中が悪夢を見るような思いの新年の始まりであった。テロリストが殺害され、とりあえず事件が片付いた後、2015年1月11日、フランスでは反テロと表現の自由を叫ぶ200万人を超えるデモが行われた。以来、反イスラームと表現の自由とが交錯した議論が続いている。

　このような議論に隠れてしまったのが、マグリブ系移民に対する差別問題である。犯人のクアシ兄弟はアルジェリア系移民の子である。サイードとシェリフの二人の祖父は、アルジェリアのアイン・デフラ県生まれのカビール人で1947年に労働者としてフランスに移住した。兄弟の父親ムフタール、母親メゲレシュ・フリジャはともにフランス生まれであり、したがってクアシ兄弟（兄弟は5人。ただし父親は複数人らしい）は移民三世ということになる。二人はもちろんアラビア語はほとんどできず、アルジェリアに行ったことはなかったようである。兄サイードが1980年生まれ、弟シェリフが1982年生まれで、幼いときに父親がなくなり、母親は生活費を稼ぐために売春婦をしていた。その母親も1995年になくなり、兄弟は孤児施設に入れられた。極貧の生活と悲惨な家庭環境が彼らの生き方に大きな影響を与えたともいわれる。また思春期にかかる1990年代、彼らのルーツであるアルジェリアにテロリズムの嵐が吹き荒れ、それはフランス国内にもおよび、1994年にはAF機ハイジャック事件、パリ地下鉄爆弾テロ事件などを起こした。これらの事件は多感な思春期の二人にも影響を与えた。同じアルジェリア系移民の子で、彼らよりも10歳年上のジダン（1972年生）がうまくフランス社会に適応し、サッカーでスーパースターになったのとは大違いである。家庭環境と時代状況が彼らを過激なテロリストへと駆り立てたのか。

　もう一つ、検討すべきことは彼らとAQPA（アラビア半島のアルカーイダ）との関係である。二人は2011年にイエメンに行き、AQPAの武闘訓練を受け、またシェリフが2015年1月9日 BFMテレビのインタビューで「AQPAの使命と資金援助を得て本テロを実行した」(bfmtv.com, 9, janvier, 2015) と述べていることから、その可能性は高い。しかしそれが本質的な問題であったとは思えない。むしろAQPAの方が宣伝のために彼らを利用したとも考えられる。

　以上のような見方は本テロ事件の、ある真実を指摘しているだろう。しかし、問題の本質は別のところにあるのではないか。本テロ事件はアラブ・イスラーム世界の大きな歴史的変容過程で、起こるべくして起きた出来事ではなかったのか。1990年代の中東・北アフリカのイスラーム主義運動の急進化、暴力化の波は欧米にも押し寄せ、欧米でもテロ事件が

起こったり、テロリストが隠れ潜んだりするようになった。欧米のホスト社会のムスリムを見る目に変化が生じ、ムスリムであることを外側から強制的に自覚させられるようになった。それまでは特に違和感なくつきあってきた非ムスリムの友人たちからもムスリムとして特別視されるようになり、彼らは、それまで特別な意識のなかったムスリム・アイデンティティの構築を迫られたのである。

だが、彼らのイスラームは、親のイスラームとは異なり、原文化（言語や歴史や土地や伝統など）から切り離されたイスラームであった。親の出身地がエジプトであっても自分はアラビア語を話さず、エジプトの歴史や文化に興味はなく、エジプトに友人がいるわけでもない。親の出身地がパキスタンである者は、ウルドゥー語ができず、パキスタンの歴史や伝統を知らず、その土地への親近感はない。しかしイスラームの教義書を学び、ムスリムとして再生されたのである。いわばインスタントのマニュアル・ムスリムである。飲酒の禁止、ヴェールの着用、断食の厳守、男女の分離など教義には忠実であるが、言語や文化や歴史に関心はない、脱文化ムスリム・マイノリティ集団。頑丈な箱でできているが、中身が空っぽのムスリムが誕生した。彼らは、親の出身地・出身国から切り離され、居住している欧米の国・社会からも疎外されるという二重のデラシネ（根なし草）である。

宗教が文化や社会から切断されたため、宗教性における原文化が薄弱化した。また宗教知識の伝達が危ういものになった。新しいムスリムは、きちんとしたイスラームの教育や文化を継承せずにムスリムとして生きる。彼らは、親の出身の国の文化や伝統から切り離されているので、直接的に素早くイスラームの知識総体を得ようとする。従って、パンフレットやテープやインターネットなどの手軽な教材に頼り、理念と教義を中心に、深くはないがそれを反復練習して学ぶ。

この集団の内の移民二世、三世の若者たちは、ムスリムとしてのアイデンティティを発見し、都市の郊外にムスリム・エスニック空間を創出した。彼らは居住するホスト国との関係から、二つに分けられる。第一は、ホスト国の規則や慣習に従う形でのムスリム共同体を志向するリベラル派・保守派であり、彼らが多数派である。第二は、ホスト国との関係は無視し、脱領域のムスリム共同体を志向するグループであり、そのなかからアルカーイダや「イスラム国」にジハード兵士として参加する者も出てくる。クアシ兄弟はそのような一員である。少数派であるが、国際的に注目を浴びる事件を起こすのはこの一派だ。彼らは宗教から文化を切り離し、宗教を人間の生活規範の中心におく。宗教規範それ自体が目的とされ、宗教がエスニシティそのものである。彼らは言語や文化や伝統などの民族的差異を越えてムスリムとして連帯する、トランス・ナショナルな集団だ。彼らは西欧社会を全否定し、親の出身のイスラームの国にも関心をもたない。コーランとスンナ（預言者ムハンマドの慣行）に忠実に従うことのみを肯定し、あらゆる文化を否定する。イスラームは文化ではなく、宗教とみなし、宗教のために戦闘

（ジハード）を正当化する。

1990年代の中東・北アフリカの急進的イスラーム主義運動は、地球的規模で政治的武装闘争を展開した。その頂点がアルカーイダによる2001年アメリカでの「9・11」テロ事件である。しかしこうしたグローバル・テロリズムはあらたな展望を開けず、以後、闘争は地域に根ざした闘争へと戻り、「アラブの春」を準備することになる。

2011年1月、チュニジアから始まったアラブ・イスラーム諸国の政変は、民主化や自由を求める市民たちの力により独裁政権を倒し、「アラブの春」と呼ばれた。自由と権利と人間的尊厳とが主張され、民主主義の思想と価値を西欧とイスラーム世界が初めて共有したのである。

「アラブの春」は自由の壁を突破し、さらに向こうへと突き進んだ。チュニジアのベン・アリ体制を倒したアラブ政変の主体は、イスラームからは距離をおく、自由や尊厳や平等などの価値を主張する市民であった。おそらく、イスラーム世界で初めて、宗教は政治から切り離され、自由になった。しかし、宗教の政治からの解放は、イスラームの役割を極端に限定する世俗派から、逆に原理主義的なイスラーム派まで多様な集団を登場させた。2011年以降、チュニジアでは、アンサール・シャリーアを名乗るイスラーム過激派によるテロ事件が何度も起きた。フランスのアニメ映画『ペルセポリス』を反イスラームだとして放送局を襲撃（2011年10月）、ムハンマドを侮辱した映画上映に抗議してアメリカ大使館を襲撃（2012年9月）、二人の左派系政党の党首を暗殺（2013年6月シュクリー・ベライド、7月ムハンマド・イブラーヒーミー）。チュニジア以外の国では自由と無秩序とが見分けのつかない混乱状況に陥っている。リビア、イエメン、シリア、イラクはほとんど国家が崩壊状態にある。

「アラブの春」により初めて政治から解放されたイスラームは、いかにして多様性と差異を調和すべきか、迷いのなかにあるように見える。多様なイスラームのなかのひとつが2015年1月、悲惨なテロ事件を引き起こしたのである。世界中の人々の感動を呼んだ政変が、今度は流血の惨劇事件に変わった。そのような意味において、シャルリ・エブド事件は、「アラブの春」の必然的な「落とし子」ともいえる（「イスラーム国」も同様である）。

では、解決策はあるのか？ チュニジアの高名な思想家ムハンマド・ターリビーは、西欧とイスラームの誤解に基づく対立は歴史的に形成されたのであり、それを解決する道は相互の文化変容にあるという考えにもとづいて、イスラームの宗教改革の必要性を述べた（Mohamed Talbi ; « Islam et Occident-Les possibilités et les conditions d'une meilleurs compréhension », Les Cahiers de Tunisie, t.38, no.141-142, 1987, pp.5-46）。現代に適応するイスラームの変容の必要性である。だが、いま、イスラームの側からこのような主張は聞かれない。

きさいち・まさとし　1948年生まれ。上智大学教授。著書に『北アフリカ・イスラーム主義運動の歴史』、『アルジェリアを知るための62章』、『原理主義の終焉か──ポスト・イスラーム主義論』など。訳書にゲイロー＋セナ『テロリズム──歴史・類型・対策法』、ボベロ『世界のなかのライシテ──宗教と政治の関係史』（共訳）ほか。

憧れるフランス、憎むフランス

酒井 啓子

「ナンバー2」としてのフランス

昨年末、イラン人の女性研究者を日本に招聘して、アジアと中東の関係というテーマで基調講演をお願いしたとき、開口一番こう答えた。「イランをアジアと思ったことはない」。そして、来日直前にこう言った。「ちなみに、報告はフランス語ですけど、いいわよね？」

フランスとイランの関係は、深い。オリエンタリズム全盛期のフランスの芸術家は、異国情緒溢れるペルシアを好んで題材にした。近代に入ると、イランのみならず、中東の知識人たちは、次々にパリを訪れた。イスラーム近代思想の先駆者、革命家たるジャマール・ウッディーン・アフガーニーが、ムハンマド・アブドゥとともに有名な社会改革雑誌ウルワトル・ウスカーを発行したのは、パリである。

アラブ・ナショナリズムを掲げ、シリアとイラクで長期政権を担ったバアス党の創設者、ミシェル・アフラクはソルボンヌ大学に留学した。イラン革命を主導したアヤトッラー・ルーホッラー・ホメイニーが革命前に亡命先に選んだのは、フランスだった。今もフランスにはイランから反政府系知識人が多く移り住む。アニメ映画『ペルセポリス』でカンヌ映画審査員賞を受賞したマルジャン・サトラピも、その一人だ。

右も左も、革命家も芸術家もさまざまに受け入れるところが、フランスの懐の深いところか。一時期ミシェル・フーコーがイラン革命を評価したことは、よく知られる。革命前夜のイランについて記した以下の彼の文章は、今でも心に刻まれるべきものだろう。「政治力としてのイスラームの問題は現代の、またこれから数年の、本質的な一問題である。いささかなりと知性をもってこの問題に取りかかるための第一条件は、はじめから憎悪をもってこないことである」（「イラン人女性読者へのミシェル・フーコーの回答」ヌーヴェル・オプセルヴァトゥール誌、第731号、1978年11月13-19日）。

なぜ中東の知識人は、フランスが好きなのか。カイロに住んでいたとき、エジプト人大家夫婦に聞いたことがある。「イギリスはエジプトを植民地支配していたから、エジプト人はささやかな抵抗として、フランス語を学ばせ、リセに子供たちを通わせるのさ」。

イギリス、そしてその後のアメリカと、アングロサクソンの世界超大国の支配に反発するために、それに対抗できるナンバー2に期待することが、中東ではよくある。イギリスに反発してフランスに、アメリカに反発してソ連に、ソ連がだめなら日本に、最近は中国に。ブッシュ政権時代のアメリカが、国連の反対を無視してイラクに戦争を準備していたとき、フランスの当時のドヴィルパン外相は国連総会で高らかに反戦を謳いあげ、満場の喝采を浴びた。「これは、戦争と占領、そしてそれに伴う残虐行為を知っている、地雷のような大陸であるヨーロッパ

の古い国・フランスからのメッセージだ」。

だが、フランスは天使ではない。

ドヴィルパンが批判したブッシュの「対テロ戦争」は、今ではオランド政権が積極的に進めている。マリ、ソマリアの内戦に介入し、シリアで「イスラーム国」への空爆に参加する。「北アフリカのアルカーイダ」が活動を活発化させるマリでは、2013年11月にフランス人ジャーナリスト2名が殺害、ニジェールでは2010年にフランス人技術者や人道活動家6名が誘拐された。今年1月には、2009年以来ソマリアで拉致されていたフランス人諜報員が殺害されている。シリア内戦には、アメリカ以上に早くから関与し、亡命シリア人を支援して反アサド姿勢を鮮明にしてきた。反政府勢力であるシリア国民連合には、その成立後すぐ「唯一の正統なシリアの代表者」とのお墨付きを与えた。

元イギリス支配下の国にとっては天使でも、旧植民地にとってフランスは、相変わらず「介入する国」だ。そして、軍事的支援を仰ぐ国でもある。

冷戦時代、アメリカは中東に対するソ連の進出を食い止めようと、さまざまな画策を行った。サウディアラビアとパキスタンの協力を得て、世界中のイスラーム義勇兵を集め、戦闘員としてソ連占領下のアフガニスタンに送り込んだことが、その後のアルカーイダを生んだことは、よく知られている。

だが、フランスもまた、同様の工作を行ってきた。反共政策のため、「アフリカの角」諸国やザイールの反政府勢力を支援したが、このときフランスと組んだのがサウディアラビア、エジプト、モロッコである。フランスは介入する国でもあるが、それを利用しようとする中東域内のアクターたちも少なくないのだ。

冷戦が終わってその関係は終焉を迎えたが、発想自体が変わったわけではない。2011年、リビアでカダフィ政権に対する反旗が翻ったとき、ヨーロッパで真っ先にリビアの反政府連合を支援したのはフランスだった。上述したようなフランスに亡命するさまざまな国の反政府知識人たちは、フランスを動かして自国をなんとか変革しようとする。

「介入と依存」の関係

2015年1月7日、パリでシャルリ・エブド紙が襲撃されたとき、中東、イスラーム諸国の政府首脳は一斉に、無条件のテロ非難を明言した。そこには、9・11同時多発テロを受けた後でアメリカがどういう行動をとったか、その結果、中東、イスラーム諸国がどうなったかを熟知しているからだ。

アフガニスタン戦争、イラク戦争、各地で繰り広げられる「テロに対する戦い」、それに対抗して拡大し増殖する越境的武装勢力。国家の破綻と拡大する破綻地域を拠点とする犯罪の蔓延、そしてその帰結としての「イスラーム国」の出現。さらには、それらを「イスラーム」と同一視して、嫌イスラームに走る国際社会。そんなものを再現させたくないという思いが、即座のテロ非難に繋がった。

だが、シャルリ紙の預言者に対する侮辱姿勢が改まらず、それどころかシャル

リ紙を「表現の自由」として英雄視する向きは、徐々にイスラーム社会に反感を生んだ。襲撃直後には犠牲者を悼む、という声明を出したエジプトのスンナ派イスラーム宗教界の最高教育機関、アズハル学院は、シャルリ紙の風刺画を「病んだ想像力で憎悪に満ちた益のないもの」と非難した。ほとんどの中東、イスラーム諸国では同紙は発禁とされたが、世界各地で反シャルリ紙デモが頻発した。

それでも、アメリカの「対テロ戦争」に悩まされてきた国々は、国民の間に反仏感情が高まらないように、なんとか自制に心を配る。欧州まで敵にまわしたくない、と考える。しかし、ニジェールやモーリタニア、スーダン、アルジェリアなどのアフリカ諸国などでは、激しいデモが繰り返され、パキスタンではデモに加えて風刺画家の処刑を求めるスローガンが掲げられた。スーダンとパキスタンを除けば、いずれもフランスの介入とそれへの依存が続いた国だ。ニジェールではキリスト教会が襲撃され、デモで10人の死者を出すまでに至っている。

そのように見れば、「預言者ムハンマドを侮辱する絵を描いた」ことが、自動的に世界中のイスラーム教徒の怒りと暴力を惹起しているわけではないことが、わかる。ましてや、「イスラームは偶像崇拝を禁止している」という単純な理由で、イスラーム教徒が欧米を激しく憎むわけではない。

その背景にあるのは、フランスの中東、イスラーム諸国に対する軍事外交政策の在り方に他ならない。もちろん、フランス国内のイスラーム系移民二世、三世の、フランス社会内部でのフラストレーションもある。しかし、移民社会をすべて、「ライシテのフランス」に反発する集団と見なすことはできない。出身国の宗教政治に反発するからこそフランスにいる、という人々も少なくないからである。

中東、イスラーム社会は、オリエンタリズムの時代から、欧米との「介入を憎みつつ依存せざるを得ない」関係に縛られてきた。「テロ」事件が起きるたびに、暴力がイスラーム社会もヨーロッパも共通の敵であると認識しながらも、その足元の地盤は、すぐ崩されていく。それを崩すのが、いまだその「介入と依存」の関係を強いられている、という苦々しい思いなのである。

さかい・けいこ　千葉大学法政経学部教授。専門はイラク政治史、現代中東政治。東京大学教養学部教養学科卒業。英ダーラム大学（中東イスラーム研究センター）修士。アジア経済研究所、東京外国語大学を経て、現職。著書に『イラクとアメリカ』、『イラク戦争と占領』、『〈中東〉の考え方』、『中東政治学』、『中東から世界が見える』など。

[鼎談] 鹿島茂 + 伊達聖伸 + 堀茂樹　　（構成：尾原宏之）

L'affaire Charlie Hebdo est-elle le 11 septembre français ? II
シャルリ・エブド事件は「フランスの9・11」か？
● 後篇 ●

056ページから続く

「風刺」という方法

伊達 シャルリ・エブド事件は、同紙がムハンマドやイスラームを冒瀆する風刺画を掲載したことが一因と言われています。ヨーロッパでは2005〜06年にムハンマドの風刺画事件がすでに起きていて、シャルリ・エブドはユランズ・ポステンの風刺画12点を転載しました。2011年にもムハンマドの風刺画を掲載し、今度は社屋に放火されています。それでも風刺を続けていました。

堀 シャルリ・エブド系統のフランスの風刺っていうのは、非常にえげつなくて下品で、猥雑ですよね。日本では「フランスはお洒落で上品な国だ」というイメージがあるので、よりいっそうショックだったかと思われます。でも、これはこれでフランスの伝統の一部分です。

鹿島 はっきり言って、シャルリの風刺画はセクシズム（性差別）ですね。特に、亡くなったジョルジュ・ヴォランスキの絵はセクシスト丸出し。もしこれがアメリカだったらものすごい抗議の対象になってるはずなんだけど。その点フランスは寛容なんです。彼らは70年代左翼の残党なんだと思います。だから、次のようなことを言う人さえいる。イスラームの問題がなければ忘れられてたかもしれない。むしろ、それで戦略的にイスラームを取り上げてた節もある。他に批判の対象がないから。それまでは毎号のようにル・ペンを風刺してたのが、娘の代になって票集めのために穏健化してきたので風刺しても反響を呼ばない。だから今回の事件がなければほとんど化石化していた可能性が高いと言うんですね。

堀 注目を集めて部数は伸びたけれども、やっぱり漫画家の多くが殺されてしまったことは大きな痛手です。主要なカビュがいない。長い目で見るとキビシイかも。

鹿島 とはいえ、フランスの風刺の伝統は、きちんと押さえなきゃいけない重要なポイントですね。風刺の伝統ができたのは複製技術の発展に関わります。たとえば、フランス革命の時にマリー＝アントワネットを皮肉る絵が出たんだけど、その時はまだ木版でした。石版ができたのは1799年。風刺画が大衆的なレベルで発展したのが、石版が非常に容易になった1820年代後半です。新聞が日常的に風刺画を入れるようになった最初は、反王党派の機関紙《黄色い小人（ナン・ジョーヌ）》だと言われています。そのあとシャルル・フィリポンという人が、全面的に石版で風刺をやった。彼は共和派だから、おもに王様攻撃です。最初はシャルル10世を徹底的に風刺して、次にルイ＝フィリップをからかった。ルイ＝ナポレオンが出てきた時には、フィリポンともうひとりエッツェルという人が反ボナパルト派を結成してこれも徹底的にやった。こういう歴史があるわけだけど、第二帝政で弾圧を受けて、表現の自由が奪われてしまいます。ところが風刺を解禁したのは、ナポレオン3世自身なんです。僕はナポレオン3世の伝記を書いた人間として、こういう人はなかなかいないと言いたい。左翼的な考えだと、風刺や批判を解禁したのは体制がグラついたからだということにな

るけれど。実際はそうではない。ナポレオン3世が自らのイニシアチブで解禁したんです。そんなことをした独裁者はこの世にひとりもいません。ナポレオン3世の場合は多分に変人の要素がある。ともあれ1867年にかなり解禁された。でも、ナポレオン3世自身を扱うことは許されなかったんです。

堀　ああ、そうですか!?

鹿島　そうです。でも、その周辺人物ならいくらどぎつくやってもいいんですよ。実際のところ、ナポレオン3世も見れば分かるレベルで攻撃されてますけどね。

　そのあとの第三共和政時代、反ユダヤ主義対反教権主義の風刺合戦はすごいもんで、エミール・ゾラを豚にした有名なのがある。それだけじゃない。ユダヤ系やドレフュス派の人たちを全員動物だの怪物だのにして描いたどぎついのがあります。逆に、それと拮抗する形で教権主義の側もさんざんにやられるわけです。

　そういう歴史的経緯があるから、シャルリ・エブド側は「俺たちはキリスト教のこともどぎつい漫画にしてきたけど、キリスト教側から批判されなかった。それは風刺のおかげでライックな社会が実現したからだ」と主張しています。風刺で突破口を開かない限り、教権主義を倒すことはできなかったという考え方ですね。反イスラームの風刺画もそれと同じことなんだ、と言っているわけです。

伊達　かつて強大な敵だったカトリックとの戦いを通して、ライシテが正当性を獲得していったことは事実です。しかし、近代化が進んで宗教自体が周辺化してしまった現在、すでに力関係は逆転しているという見方もできます。その中で宗教を風刺することの是非が問われているのではないか。それが風刺の今日的な意味という問題につながってくると思います。

鹿島　今度はライックなものが宗教性を帯びて、弱体化した宗教やその信徒を攻撃しているように見えるわけですね。

伊達　よく「イスラームの教義を批判しているのであって、ムスリムを中傷しているわけではない」という言い方がされます。他方でそもそも信仰自体を批判されたくないムスリムがいる。リベラルな学者がイスラームを学問の対象として批判的に検証する時にも「あなたがやっていることはイスラーム差別だ」と告発しようとするムスリムもいるようです。ただ、現在のフランスでは「信者が信じているものは批判していっこうに構わないが、信者を中傷するのはダメ」という法制度および社会の共通理解があることは抑えておく必要があります。

堀　フランスの中でも約6割の人がシャルリ・エブドの風刺はやりすぎだと考えているそうです。おそらくシャルリ側は、「お前はゴキブリだ」と言うのはヘイトスピーチだけど、「お前の信じている神なり預言者なり君主なりは下品なおっさんだぞ」と言うのは相手の人格に対する侮辱ではないと反論するんだと思う。だけど、実際傷つくんじゃないかなあ。もちろん何かに傷つくといったらきりがないわけですが。極端なことを言えば、私は年食ってるから若い健康な美しい若者が戯れていたりするのを見ると傷つくわけでね（笑）。

鹿島茂（明治大学教授）

鹿島 風刺ってのは、完全に戦争状態にある国だったらいくら罵倒しても構わないわけでしょ。現に、第二次大戦中にアメリカで作られた反日映画を観るとすごく面白い。『カサブランカ』のマイケル・カーチス監督も作ってますね。日本側では「鬼畜米英」ということで、これもたくさん作っている。戦争状態になったらお互いにバンバンやり合う。でも、その状態に至る前というのは非常にナーバスです。いよいよ抜き差しならない状態に至りつつあるということで。いまはそこにいるんじゃないですか。だから、「そこまで風刺する必要はないだろう」、「いや表現の自由だ」という論争があるけれども、どこかに着地点を見出すということにはなかなかならない。

伊達 風刺の意味という点について、お二人に質問してみたいことがあります。フランス革命のころの風刺だと、「抑圧された第三身分を解放する」という意味合いがあったと思いますが、今日の風刺はどういうふうに機能するでしょうか。事件直後に出されたシャルリ・エブドの「涙のムハンマド」と呼ばれている号は、関口涼子さんがいち早く的確に指摘されたように、和解への呼びかけだったと思います。それでも、アルジェリア、チュニジア、エジプト、セネガル、ニジェール、イラン、パキスタン、トルコ、ガザ、至るところで激しい抗議活動やデモが起きました。それを見たフランスの知識人の反応の中には、「あれは和解への呼びかけなのに、なぜ」というものがある。コーランでも預言者の表象は禁じられていないし、歴史の中でも描かれてきた。だから挑発だと受け取られるのは理解できないというのですね。

たしかに、フランス国内ならその論理は通用するかもしれない。ただ、昔は預言者が描かれていたとはいっても、それは彩色写本のような貴族や豊かな商人しか見ることのできない本でした。トルコやイランでは描かれていたけれども、他はそうでもない。では今日、この「涙のムハンマド」を挑発と受け取るのはおかしいという言い方で、どこまで説得できるのか。和解への呼びかけのつもりのものが、単なる悪意と受け取られているわけですから。

鹿島 いわゆる「涙のムハンマド」の見出しは Tout est pardonné で、日本では《すべては許される》と訳されているみたい

ですね。pardonné は日本語だと「許し」ではなく「赦し」と訳したほうが正しいから、この事件のことを言っているのだとは解釈できます。でも、風刺というものはそんなに単純なものではないんです。風刺はアンビギュイテ、つまりどっちでも取れるように描くというのが王道なんです。すごいことを描いておいて、「あれ何言ってんの、こういう意味ですよ」とそらすのが風刺のやり方。もし和解のメッセージを送りたいのならば、「pardonné とか曖昧な言葉を使わないで、分かりやすい言葉を使えよ」ということになる。だけど、あれが風刺の文法なんですよ。Tout est pardonné という言葉は、「ムハンマドに対する風刺を含めて、どんなことでも許される」と解釈することもできるのです。いくらフランス人が「あれは、実はムハンマドは偉い人だという意味なんだ」と抗弁しても、ムスリムからは「そんなこと言ったって、違う意味にも取れるでしょう」という文句もくる。それも実は想定済みなんです。やはりシャルリはしたたかなんです。

堀 思想史家のツヴェタン・トドロフが民主主義の中では絶対的な権利というものはない、権利が権利を抑制し合わなければならないということを言っていました。表現の自由は守るべき権利なんですけど、それだけを絶対視するわけにはいかない。社会的な弱者に対する配慮は、やはり必要なんじゃないかと思います。つまり、ちょっとは遠慮しろ、ディーセントに振る舞え、ということです。これは傾聴に値するんじゃないかと思う。ただし、それを法律でやるかどうかは別問題ですが。かといって「ムスリムにとっては絶対的な問題なんだから、これに触れてはいけない」っていうのは、聖域化ですよ。神を冒瀆する権利はないってことになる。私は、それには賛成できないんです。

伊達 ムスリムの側からすると、ムハンマドの絵はそもそも見たくないというか、生理的な拒否反応に近いのでしょう。一方、フランス側では表現の自由がすっかり板について、ヴィセラル（本能的、直感的）な内臓感覚になっている。ただ、知識人は、もし自分がヴィセラルな感覚を抱いたら、それを解剖しなくてはならないのではないか。相手のヴィセラルな感覚を「狂信的」とか「無知蒙昧」と切り捨てるのではなく、そのように自分が思う来歴を読み解く必要があるのではないか。堀さんがおっしゃったトドロフではないですが、やはり表現の自由といっても何でもありではない。表現の自由は今日的な状況を踏まえて、「実践感覚としての自由」として再定義することが求められていると思います。

イスラモフォビアと反ユダヤ主義

堀 前半部で「72％のフランス人がムスリムに好感を持っている」という2014年のデータを示しました。その一方で、フランス社会のイスラモフォビアは現実的な脅威として存在しています。最近のフランスのメディアでは、エリック・ゼムールとかアラン・フィンケルクロートとか、「イスラーム文化によるフランス文化の浸食」みたいな問題提起をする論客の声がデカイ。

伊達聖伸（上智大学准教授）

　まあ、フィンケルクロートの影響力は限定的ですが、ゼムールには大衆人気がある。いい加減な奴ですけどね。彼らの議論がメディアで広く取り上げられていたというコンテクストがあります。

伊達　事件当日に刊行されたミシェル・ウエルベックの小説『服従』は、2022年になったらムスリムの大統領が生まれるとかいう話のようです。

堀　ウエルベックは日本でも知られているけど、典型的なイスラモフォビアですね。ウエルベック、ゼムール、フィンケルクロート、このあたりの論客の影響は見過ごすことができない。

　彼らが受け入れられる原因を経済的側面から説明できるかもしれません。やっぱり何と言っても、フランスの経済状況が悪い。ヨーロッパ全体を見ても、全然うまくいっていない。だからギリシアで反緊縮財政の急進左派連合が勝利したのですが、フランスはどうなのか。オランド政権は選挙で言っていたのとは裏腹に、メルケルに追随してずっと緊縮財政をやっている。フランス自身がイニシアチヴを取れないようなポジションになっていて、いわば「ドイツの部下」みたいになっちゃってる。それでフランス人の側の自信が失われつつあって、不安だからスケープゴートを求めがちになる。こういう背景があるようにも思います。

伊達　イスラモフォビアという言葉の初出は1980年代とされています。「フォビア」というのは「怖い」ということですから、イスラームに対して常軌を逸した恐怖を覚えることをイスラモフォビアと呼んでいます。でも、恐怖を覚えること自体は犯罪じゃないわけですよね。

　このことは、反ユダヤ主義と比較してみる必要があります。レバノン系ブラジル人のカルロス・ラトゥッフという風刺漫画家が、「西洋人はムハンマドの風刺画だと笑うが、ホロコーストを風刺するものは反ユダヤ主義だから表現の自由の埒外」という二重基準を設けている様子を絵に描いています。ムスリムの風刺は表現の自由の範囲内だけど、ユダヤ人の風刺は反ユダヤ主義になる。あらためて思ったのは、イスラモフォビアは「病的恐怖」ですが、反ユダヤ主義つまりアンチ・セミティスムは「主義」なわけです。同列の言葉ではない。突き詰めていくと、反ユダヤ主義は違法だけれども、イスラモフォビアは違法ではないわけですよ。もちろん、イスラモフォビアでも人に対

する名誉毀損や誹謗中傷に該当したら違法ですが、そうでなければ罪にならない。だから風刺にしても、ムスリムを風刺するリスクとユダヤ人を風刺するリスクには違いがあると言われているわけです。

堀 反ユダヤ主義に該当するようなことをやるのは困難だが、それに比べるとイスラームに対する攻撃はやりやすいみたいなところは、西洋社会にあると思うんですね。それはユダヤ人組織のチェックが厳しいからだと思います。それから、ユダヤ系は社会の枢要な部分をある程度握っていますから、彼らも目を光らせています。だからタブーになるわけです。それに対してイスラーム系の人たちは西洋社会では完全な弱者集団なので、やられやすいということがそもそも与件としてあります。そこは十分に考慮される必要がありますね。

伊達 「アンチ・ジュダイスム」という言葉は「キリスト教から見た反ユダヤ主義」で歴史的にも古い。一般的に日本で反ユダヤ主義と訳される「アンチ・セミティスム」という言葉は、ドイツのジャーナリストであるウィルヘルム・マルという人が1879年に使ったのが初めてで、これは「世俗社会における反ユダヤ」です。ユダヤ資本に対する社会主義者からの批判とか、科学的な装いを凝らしたセム人とアーリア人の違いみたいな。いまでもアンチ・セミティスムという言葉は一般的ですが、本当はセム族といったらアラブ人が入ってもおかしくないはずなんです。だけど、ここには入っていない。

戦後は、ユダヤ人に対して、ユダヤ人であることを理由に憎悪の言葉を投げかけたり、中傷したりすることは犯罪になっています。対独協力者やユダヤ人を迫害したフランス人も「人道に対する罪」で裁かれた。これは植民地主義を研究している平野千果子さんが論じていることですが、この「人道に対する罪」という概念は、第二次世界大戦の時のユダヤ人迫害を意識した言葉で、フランスの旧植民地における「人道に対する罪」が問われているかというと、そういう問題意識そのものが発動しにくい。とはいえ、「フランスにおけるユダヤ人のように幸福だ」という表現がありますが、今日のフランスに住むユダヤ人が幸福だと言えるかどうか。今年はアウシュヴィッツ解放70年でもありますが、CRIF（フランス・ユダヤ系団体代表評議会）は、2014年の反ユダヤ的行為が前年と比べて伸びていたことを発表しています。

鹿島 フランスには1990年にできたゲソ法という法律がありますね。これは共産党の大物議員だったジャン＝クロード・ゲソが作って可決された法律で、反ユダヤ主義と人種主義、そしてテロリズム礼賛を禁止する法律です。今後は、反ユダヤ的行為と同じように反イスラーム的行為も法律で禁止すべきかどうかがフランス社会の非常に大きな争点になってくるだろうと思います。

この法律に関連して、反ユダヤ主義者のコメディアン、デュドネ・バラ・バラが話題になっています。お父さんはカメルーン出身の会計士で、お母さんはフランス人で社会学者。で、デュドネ君はコメディアンなんだけど、彼は最初ユダヤ人の相方と漫才のコンビを組んでいた。

伊達　エリ・スムンですね。彼はユダヤ人なんですか？

鹿島　ユダヤ系モロッコ人だそうです。で、デュドネ君はやがてコンビを解消して、左翼的な政治活動を始めた。そしたら、よくあることなんですが、左翼から反ユダヤ主義に行っちゃったんです。これはドレフュス事件が起こった時の民衆左翼と同じで、両極ってくっつきやすいんですよ。

堀　そういうのをルージュ・ブラン（「赤」と「褐色」）って言いますね。極左と極右の一体化。特に反ユダヤ主義で結びつきやすい。

　デュドネみたいな人が出てきたってことは、非常に象徴的な出来事だと思いました。まず、彼が去年の正月にナントのサッカー場でライブをやろうとした時、すったもんだしたわけです。そのころの内務大臣マニュエル・ヴァルスがそれを中止させようとしたら、裁判所では開催OKという判決が出ちゃった。で、さらに抗告して、コンセイユ・デタで裁可されてようやく中止が決まりました。デュドネのように、民衆的なレベルで支持される反ユダヤ主義が出てきているわけです。シャルリ・エブド事件のあと、デュドネは《私はシャルリ》と実行犯のクリバリ容疑者の名前を組み合わせて、「私はシャルリ・クリバリ」とネットに書き込んで拘束されました。

伊達　反ユダヤは2000年の第二次インティファーダあたりからかなり複雑な問題になってきたと思います。その後イスラエルの首相になったアリエル・シャロンは、フランスにいるユダヤ人に対して「反ユダヤ的な行為があればいつでもイスラエルに戻ってきなさい」と言っていた。それをシラクが止めていたのを覚えていますが、現在ネタニヤフもシャロンと同じことを言っていて、実際にイスラエルに移っている人がいるわけです。

　もちろんいまはムスリムも不安を感じています。モスクに対する発砲や放火が相当増えているとのことですよね。反イスラームをきっかけにして極右が台頭するというシナリオもありうる。ドイツでは、「ペギーダ」（西洋のイスラーム化に反対する愛国的欧州人）という団体が勢いづいていて、フランスでも支部が作られたという報道を見ました。21世紀のヨーロッパで、反ユダヤと反イスラームがとても大きな問題になりつつあることに注意しなくてはならないと思います。

無意識の次元

鹿島　こうしてシャルリ・エブド事件をめぐる問題を検討していくと、あらためて日本人がフランスを理解することの難しさを痛感させられます。僕が70年代末、最初にフランスに行った時にショックだったのは、外国人として認めてくれないということでした。地下鉄以外のフランスの鉄道には改札がなくて、ホームで自分で打刻しなければいけないのですが、忘れると容赦なしに罰金を取られる。「ガイジンだから知りませんでした」なんて通用しないし、大目に見てももらえない。「見れば外国人だって分かるだろう」って思うんだけど、あっちの統合原理は、フランスにいる人間を外国人として認め

ないというところにあるんですね。日本の駅員だったら「外国人に親切にしよう」とか考えるんだろうけど、この点だけでも日本とフランスはまるで違います。

堀 そういう面はあります。現地体験として、私にはフランスのそういうところが非常に気持ちよかったね。今後、普遍主義に立つ共和国であっても多文化主義の要請を受け入れなければ現実に対処できないだろうという考え方があって、私はどちらかというとそれに賛成です。普遍性が画一性に陥らないためには、多様性を受け入れなければならない。だけど個人的には、フランスの普遍主義型の共和国に思い入れがないわけじゃない。外国人扱いしないのは、同じ土俵にいる人間として見るということですよね。それが爽快だった。

伊達 よく言われることですが、たとえばフランス人どうしの議論は、考えが違うとすごいやり合いになりますよね。議論が白熱して、喧嘩みたいにいつ手が出るかとハラハラする。でも、終わるとすっかりケロッとして、仲良く食事に行ったりする。

鹿島 古本屋のレベルでも、そのノリはありますね。

伊達 これは相手の思想を批判してるんであって、人格攻撃ではない。それが板についているということなんじゃないかな、とあらためて思ったわけです。そこへ行くと私は、フランス人の気質とかは勉強してだいぶ分かってきたつもりだけれど、実はあまり慣れない部分もありますね。「学問的に批判してるんであって、人格を批判してるんじゃないよ」と言われても、やり込められると傷ついて、このあと仲良くごはんを食べる気になれないな、とか思ってしまう（笑）。

鹿島 そういうフランス人の意識の根本やフランスという国家の統合原理をどう理解するか。僕は、社会学者のエマニュエル・トッドの説明をよく使うんです。

トッドは、国家レベル、民族レベルでの集団的無意識を、その国の家族類型から説明しています。親子関係と兄弟関係を軸に4つに分類して考えるんですね。

まず、第1象限に、親が権威主義的で子と同居し、きょうだいの間は不平等な「直系家族」。日本は長子相続だからここに該当します。他にはドイツ、韓国、スウェーデン、ノルウェー、オーストリア、スイスなどがここに入る。この直系家族の特徴は、「自分たちの家族とそれ以外」という発想が集団レベルに達していること。したがって、自民族中心主義になります。

その正反対なのが、第3象限の「平等主義核家族」です。親子は独立し、自由で、きょうだい間は平等。フランスの中心部やスペイン、南米などが該当します。このトッドの図式を見た時に思い出したのが、エミール・ゾラの『大地』です。ボース平原の農民のお父さんが死ぬんだけど、女の子も含めて完全な平等相続なんです。少なくともパリ盆地ではね。これはイデオロギー的には共和的普遍主義になります。

第4象限に、親子関係は独立して自由だけど、相続は不平等の「絶対主義核家族」。イギリス、アメリカ、カナダなどが当てはまります。これは『リア王』を読むとよく分かる。

第2象限が、親は権威主義的で子と同居するが、きょうだい間は平等という「外婚制共同体家族」で、ロシア、中国などが該当する。

トッドは、これらの家族類型が国家の統合原理に反映されていると言うんですね。フランスは、中央部が普遍主義の平等主義家族ですが、周辺部は差異主義の直系家族です。アルザス・ロレーヌ、ベルギーに近いリールのあたり、プロヴァンス、それからいちばん強烈なのがバスクです。詳しく説明するともっと複雑なんですけど、この2つの原理が結合してできていると見なすことができる。日本人がフランスという国をなかなか理解できないのは、この家族類型に由来する統合原理の違いにも原因があると思うんですね。

堀 この統合原理の違いはフランス、イギリス、日本で植民地支配のあり方がまるで異なるという問題にもつながります。若いころフランスに行って、現地の学生から、かつてフランスの県だったアルジェリアでは国民教育省の下で他の県と同じ教育をやっていたと聞かされました。歴史の時間にはアラブ人やマグレブ人に「我々の先祖はゴール人だ」と教えていたそうです。ひどい話ですが、一面では、「ああ、祖先は一緒だと言ってるんだ」と思いました。人間は本質的に違わないと言っているわけですね。もちろん「文明人の俺たちが遅れたお前たちを指導してやる」という傲慢な態度ではあるんですけど、人間が本質的に違うとは考えていない。フランスのレイシズムは伝統的には同化主義型で、差異主義型つまりアパルトヘイトやホロコーストにつながるレイシズムとは違うんだというのが印象に残りました。これはトッドも言っているんですけど、フランスはもともと混血を嫌わない。だから植民地支配をしていた時も、正式に現地人と結婚することが割にあった。これはつまり、遺産を譲るってことですからね。この点は、イギリス型の植民地経営とだいぶ違います。

鹿島 いわゆるヘイトスピーチや表現の規制も日本とフランスで随分違いますね。これからフランスでは表現規制の問題が大論争になるだろうけど、日本にはフランスみたいに徹底的に条文化する文化がない。直系家族的な暗黙の自主規制ルールなんですね。

絶対化を拒否せよ

伊達 最後に、事件後の世界についての見通しを話題にしたいと思います。実は、まだこの事件が終わったかどうかも判然としていないわけですね。1月9日に容疑者3人が射殺されて一応終息ということになったわけですけれど、クリバリ容疑者の内縁の妻とされている人は逃走中です。他にも逮捕されて取り調べ中の人もいます。ベルギーでもテロの実行直前だったのを拘束された事件がありました。昨年末に複数の襲撃事件があり、警戒レヴェルを上げていた中でのテロでした。これらが一連のものなのか、まったく独立したものなのか、私たちはまだよく分からない状況にいます。「イスラム国」からは、フランスで新たなテロを起こせという呼びかけも続けられている。この事件もとりあえずは「シャルリ・エ

ブド事件」と呼んでいいのでしょうが、そのネーミング自体も検討の対象になるかもしれません。

鹿島 僕は、もっともっと長い時間の経過の中で見るべきだろうと思うんですね。「イスラム国」の人質問題があったけど、フランスの歴史を見ても、昔はジャン2世やフランソワ1世が捕虜になって、国家予算以上の身代金を要求されたこともあります。結局うやむやにしてごまかしたんだけど、人質を取るというのは歴史的にはどこでもやっていたわけですよ。日本でも戦国時代は人質外交。あくまで文明化された人間のレベルで見るから、「人質はけしからん」ということになるが、かつては自分たちだって何の疑いもなしに平気でやっていた。だから今度の「イスラム国」の人質事件が許されるなんてことは絶対にないんですけれど。

いま日本人が自由なことを言っていられるのも、戦争に負けたからです。もし大日本帝国が継続していたら、イスラームの人と同じようになにかにつけて「不敬だ」と騒いでいたかもしれない。それぐらい相対的な視点を導入したほうがいい。だから50年後、100年後のムスリムたちが「かつては俺たちもこんなことをやっていたんだな」と振り返ることだって必ずあるわけですよ。イスラームが変わらないということはありえない。

堀 私もそう思うなあ。「アラブの春」は失敗したとか言うけど、ヨーロッパがあのレベルの民主化をやるのにどのぐらいの時間がかかったと思ってるのか。血なまぐさいことをたくさんやってきたわけでしょう。

堀茂樹（慶應義塾大学教授）

私ももっと長いスパンで見ていくことには賛成です。近代化というのは、おおざっぱに言えば個人化で、個人が原理になっていくことです。イスラーム諸国のうちでも、いまイランの出生率は2.0くらいですよ。ということはヨーロッパと同じで、全然産んでない。当然、産児制限をしているわけです。昔は「子供は神様が運んできてくれる」とか言ってたことを、自分でコントロールするようになった。これは神をも畏れぬ、非常に近代的なオペレーションなんですね。それを可能にするメンタリティが実はイランでも成長している。だからトッドなんかは「イランに関してはきついことをやらないでソフトランディングさせればいいんだ」と言っています。たしかにイランはこのごろだいぶ融和的になりましたよね。

鹿島　歴史学をやる唯一の利点は、絶対化を拒否できることです。イスラームも変わらないことはないし、アフリカだって変わらないことはない。そこのところを、フランスの知識人でも理解していないように思います。

堀　いまの日本の状況について言うと、代表制デモクラシーの世界に違和感を抱いている人が、イスラーム世界を梃子にして安直な西洋近代批判を行っているように見えます。そういう人たちがいまのイスラーム世界で生きていけるかどうかは別にして、心理的な代理戦争を起こしている。これはあんまり健康なことではないですね。だってその代理戦争自体、言論の自由がある自由社会でなければできないわけですから。かつての東西対立の時と同じです。東側の擁護ができるのは西側でだけでした。東側では西側の擁護はできなかったわけです。

伊達　民主主義が機能不全を起こし、その機能不全が世界的に拡散しているというのは事実だと思うんです。とは言っても、この理念を手放すことはできない。負の遺産について自覚的に反省し、それに基づいて文明同士の対話の枠組を作っていくしかないと思います。

鹿島　僕は最近人口学を一生懸命勉強しています。それによると、人間の社会は多死多産型から少産少死型に移っているのですが、「多死→少死」と「多産→少子」のどっちの変化が先に起こるかというと、「多死→少死」で死亡率のほうが先に低下する。栄養状態がよくなったり、幼児死亡率が低下するから。そこから時間がずれて出生率が下がってくる。これに例外はない。その後、今の日本みたいに死亡率が上がっていく。これにもほとんど例外がない。国別にも言えるし、世界レベルでも言える。人口学者が言うには、2100年にはうまくいけば世界人口は均衡するんだそうです。いまはムスリム人口が多い。だけどイランでは出生率は2ぐらいだし、世俗的なトルコはこれからちょっと増えるかも分からないけど、やがて人口減少社会に入っていく。そうなると、いまみたいなテロは起こらなくなる可能性がある。人口爆発というのは、テロが起こるかなり大きな要因だから。ユース・バルジ現象と言って、若者、特に男の子で人口爆発が起こると、戦争やテロが増えるんです。これは日本が経験したことでもあるし、古くはイギリスの清教徒革命、フランス革命も同じ。

それぞれの時期で「いまはイスラームが危ない」、「次はアフリカが危険だ」というのは、ほとんど人口学的には間違いない。だけど最終的に人口が均衡すれば、いまの世界で起こっている問題がなくなる可能性がある。そうなってくると、最後は安定的なところに着地できる。これが、人口学者の言っていること。もし本当だったらとてもいい話ですね。

了

構成：尾原宏之
2015年1月28日
於：白水社
写真：編集部

3

Comment lutter contre le terrorisme ?
どのように、テロとたたかうのか？

自由な共生のための自由のリミット

堀 茂樹

　東西冷戦が終結した1990年前後には、リベラルな民主主義が早晩世界中に定着していくであろうと、少なくとも一部の識者の間ではまことしやかに語られた。しかし、あれから4半世紀を経た今日、世界では戦争とテロが頻発している。信条や宗教を異にする人びとが、個人の自由を捨てることなしに共生することは不可能なのだろうか。

　事実確認から始めよう。2015年1月7日、フランス生まれ・フランス国籍で30歳代前半のイスラーム主義者2名（クアシ兄弟）が、武装してパリの風刺週刊新聞シャルリ・エブドの編集室を襲い、12人を射殺し、11人の負傷者を出した。殺された12人のうち、警官と雑誌の校閲担当者の2人はムスリムであった。クアシ兄弟は2日後に憲兵特殊部隊との銃撃戦で死んだが、彼らはイエメンとサウジアラビアを主な拠点とする「ジハード」組織アルカイダ（AQAP）による軍事訓練を受けたのであった。実際に、AQAPはまもなく犯行声明を出した。預言者ムハンマドを侮辱したことへの復讐だというのだった。

　同8日にはクアシ兄弟の共犯者でマリ系フランス人のクリバリ（32歳）がパリ市内で女性警官を撃ち殺し、翌日パリ東部のユダヤ系住民向け食料品スーパーに押し入り、その店の客を人質にして立て籠もり、人質4名を殺害した。クリバリはそののち憲兵特殊部隊に射殺されたが、「イスラム国」（ISIL）に忠誠を誓っている人物であった。なお、この折り、店の従業員であったマリ出身のイスラーム教徒ラサナ・バティ氏（24歳）が店内で機転を利かせて客の多くを地下の安全な場所へ導き、店を脱出してからは店内の情報を特殊部隊にもたらすことで多くの人命を救ったという。

問答無用は論外

　クアシ兄弟とクリバリが標的にしたのは、主にシャルリ紙のスタッフ、ユダヤ系市民、そして警官であった。日本では、シャルリ紙への復讐という動機が突出して話題になったが、中東情勢を背景とする反ユダヤ主義の犯行でもあった点を見逃すべきではないだろう。では、いずれかの動機を考慮するとき、その背後に存在した歴史的事情の名において彼らの行為を免罪することができるだろうか。答えは否であろう。

　仮に預言者ムハンマドを卑しめるシャルリ紙の風刺画によって、イスラーム教徒である彼らが自らの母を侮辱されたのと同等以上に傷ついたとしても、あるいは、パレスチナをはじめとする地域でのイスラエルの蛮行を腹に据えかねていたとしても、彼らが実行した殺人テロ自体の非はやはり背景の事象にではなく、彼ら自身に負わされなければならない。彼らの責任能力を否定するわけにいかないからである。もし専ら彼らを彼らの与り知らぬ歴史的プロセスの帰結や犠牲者と見て、最終的に自由意志を行使し得る主体と認めないなら、それはとりもなおさ

ず彼らから、デモクラシーや共生の当事者たる潜在的資格を奪うことを意味する。テロとは押し並べて、他者との対話を断つ問答無用の暴力である。言うまでもなくそれは、自由が自由であるためのリミットを超えている。

社会的弱者への配慮
　日本では、ややもするとテロリストへの非難を凌駕するほどに、シャルリ紙の猥褻で過激な風刺画に批判が集中した。果たして、他者を直接標的とする侮辱や嘲弄が咎められるのと同様に、他者の信仰の対象に対する侮辱や嘲弄も断罪されるべきだろうか。
　シャルリ紙肯定派はおそらく、「お前はゴキブリだ！」は他者の人格に対する侮辱だが、「お前の信じている神（or 預言者 or 君主）は下品なオッサンだぞ！」は、相手がどう受け取ろうとも人格攻撃ではないと主張するにちがいない。また、例えばチャップリンは1940年公開の『独裁者』で外国の総統ヒトラーをこっぴどく風刺したではないか、なぜヒトラーなら風刺してよいのか、当時の彼の心酔者にとっては至高のヒーローへの不遜きわまりない挑戦だったのではないか、と問うかもしれない。そして、当該紙がイスラームだけでなく、キリスト教もフランス国粋主義も遠慮なく風刺の対象にしているという事実をも強調するだろう。
　瀆聖の権利を含む表現の自由の権利を制限すべきか否かという問題は理論上、つまり権利問題としては、俄に決着がつかない。しかしながら、あるいはそれだけに、信仰を異にする人びと同士の現実

的な共生をもし誠実に目指すならば、思想史家Ｔ・トドロフの次の言葉に耳を傾けるのが賢明であろう。

　「報道の自由もまたひとつの権力です。ところでデモクラシーにおいては、どんな権力も、それに限度がないならば正当であり得ません。［…］報道の自由を擁護するときには、人はつねに、その自由を行使する者と、行使される自由の結果を被る者との間の力関係について自問すべきです」（ラ・クロワ紙、2015年1月4日付、拙訳）。

　経済の低迷する昨今のフランスで、イスラーム系移民の子女が社会的弱者の立場にあることは夙に知られている。そうだとすれば、現況においてイスラームの信仰対象を冒瀆するのは、困難の中で生きている者に精神的な追い打ちをかけることにほかならず、自由に酔って、そこから先は共生が不可能になるような、ほかでもない自由のリミットを超える愚行だといわなければならない。教権主義への挑戦を伝統とするシャルリ紙が自らの信念でイスラームその他の宗教を迷信と断じるのは自由である。だが、社会的弱者を傷つけかねない表現の自由の行使は──その権利を確保したままで構わないから──自制すべきだ。

ライシテ、あるいは自由における共生
　しかしながら、預言者ムハンマドはムスリムにとって「命」であるといった言い方で、権利上もイスラームに対する風刺だけを他の風刺と別扱いし、表現の自由におけるタブーとしてよいだろうか。

キリスト教信者にとってのイエスにせよ、日本の国粋主義者にとっての天皇にせよ、あるいはかつて個人崇拝されたスターリンでも、当時の信奉者にとっては大まじめに「命」だったのではないか。

特定の宗教（または文化）の中に立て籠もってその規準を絶対化し、外部の視点をいっさい認めない立場に立つのは、他者への「窓のない」相対主義にほかならない。具体的には、イスラームの外からイスラーム教徒の行動を論じても完全に無効だということになる。これは特殊な宗教的アイデンティティを絶対化する相対主義であるから、他の宗教や無神論と共有すべき普遍性の地平に対して自らを閉じてしまう。普遍性の想定なしに多様性も成立し得ないことを改めて述べる必要があるだろうか。こうしたラディカルな相対主義の帰結は、「神々の闘争」（M・ウェーバー）、「文明の衝突」（ハンチントン）とならざるを得ない。共生の真逆である。

したがって、イスラームの教義を永劫不変の絶対とし、つねにムスリム受け入れ国の側がムスリムとの共生のためにイスラームの教義に合わせよといった主張を聞き及ぶことがあるが、それは「郷に入っては郷に従え」という同化主義の裏返しにすぎず、同根の自由殺しである。

いまフランスに即していえば、個人は共和国市民として自らの親密な宗教や文化から離脱するよう求められるわけではない。そうではなくて、個人的アイデンティティをそこに立脚させながらも、公共空間における共生のアクターとしては、他者との対話という普遍性の次元へと開かれているという意味で自由な法的・政治的主体であること、すなわち「市民」であることが求められるのだ。逆にいうと、もしフランス共和国の側が、たとえライシテの名においてでも、何らかの宗教的・文化的態度への迎合を個人に要請するならば、ライシテのエッセンスである自由のリミットを踏み越えているので、ライシズム（ライシテ教条主義）への逸脱の誹りを免れない。

自己と他者の自由を尊重する「市民」であることの拒絶は共生の拒絶に等しい。この意味のライシテの原則は、ムスリムによっても受け容れられなければならない。

最後に、クアシ兄弟の行為の犠牲者のうち2名がムスリムであったこと、クリバリの人質となったユダヤ系市民を救った「英雄」がムスリムの青年であったことに注目しよう。事件で客観的に対立したのは、「ムスリム」と「フランス人」ではなく、イスラーム教原理主義のテロリストらと、ムスリムを含むフランスの市民たち・住民たちだったのだ。事ほど左様に、人口学的にも、社会的・文化的にも、ムスリムは今日のフランスの現実の一部分を構成している。なにしろ、イスラーム系の市民は400〜500万人と見積もられているのだ。観念やレッテルではなく、具体的な人間的・社会的現実に目を向ける必要がある。

ほり・しげき　1952年生まれ。慶應義塾大学総合政策学部教授。フランスの思想と文学。翻訳家。主な訳書にアゴタ・クリストフ『悪童日記』三部作、『文盲』、アニー・エルノー『シンプルな情熱』他。近著に『グローバリズムが世界を滅ぼす』（共著）、「メリトクラシー再考」（『現代思想』2015年1月臨時増刊号）。

すべてを言う権利
デリダならどう言ったか

藤本 一勇

シャルリ・エブド襲撃事件が起こってから、ちょうど1か月になる。フランスでは襲撃事件を「言論・表現の自由」に対する重大な攻撃として非難するデモが、ヨーロッパ各国の首脳なども集めて、パリ解放以来最大規模で行われた。しかし世論の反応は、事件発生当初はその衝撃からテロリズムへの単純な非難が中心だったが、次第に言論・表現の自由はどこまで許されるのかといった議論に移ってきている。言論や表現を武力によって抑圧し攻撃することは許される行為ではないが、かといってそうした暴力を呼び招くきっかけを作った側にも問題はあるのではないか、というわけである。言論・表現の自由は侮辱の自由ではない、と。

この事件について、伝統的な「言論・表現の自由」とその侵害、「ペンと剣」の対立（「ペンは剣より強し」）という文脈で理解してよいのか、正直なところ自信がない。筆者にはフランスにおけるイスラーム教徒をめぐる諸問題やイスラームやイスラーム世界についての知識もほとんどないからだ。この点で私は一般的な「日本人」である。しかしその「一般人」としての平凡な感覚からこの事件を考えてみるのは重要なことだろう。

アルジェリア出身のユダヤ系として

ジャック・デリダは民主的社会あるいは開かれた世界の条件として、無条件に「すべてを言う権利」を主張した。「真理」に基づき、「真理」を目指すカントの「理性の公的使用」や「公表性」とは違って、デリダの場合はいわゆる「虚構」や「嘘」や「偽証」の可能性までをも肯定する。今回の事件で言えば、イスラーム教徒には侮辱以外の何ものでもないシャルリ・エブド紙の風刺画も発表すること自体はOKである。デリダなら、問題の風刺画の掲載を控えたアメリカや日本の新聞社の対応や、ローマ法王の「挑発してはならないし、他の人の信仰を侮辱してもならない。信仰をからかってはならない」という発言にも（理解を示しながらも）反対しただろう。しかし、それは決して他者の侮辱やデマゴギーを擁護することではない。ナチス占領下のフランスの植民地アルジェリア出身のユダヤ系として辛酸を舐めたデリダがそのようなことを擁護するはずがない。デリダの「すべてを言う権利」はあらゆる存在の他者性の擁護のためにある。この権利は「形式的」であり、直接に「内容」には関わらない。内容によって公表の可否が判断されると、価値観や偏見や力関係に左右されてしまい、特定の枠組みから見た他者が排除されてしまうからだ。内容によって差別しないという形式性があるからこそ、すべての他者の可能性が擁護される。もちろん、その他者性の内容が「悪」である可能性もある。しかし、「すべてを言う権利」は直接的には内容に関与しないのだから、当然「悪」の擁護でも容認でもない。内容に関する議論や判断は、「すべてを言う」形式的な、無条件な自由と権利の後で吟味されるべきものなのだ。

では、「すべてを言う権利」によって保護された言説や表現はすべて同等の価値を持つのか。そうではない。デリダが明言しているわけではないが、彼の理路に従って理解すれば、「すべてを言う権利」においてまっさきに批判されるべきは、他者を抹殺し侮辱し排除する（あるいはそうした動きを助長する）類のものだ。なぜなら「すべてを言う権利」は何よりもまず他者性の擁護のために設定されているからだ。「すべてを言う権利」の形式性は直接内容に関わらないと述べたが、あらゆる他者性を受け入れるという形式性が、実は、他者性を排除する内容を批判し退ける根拠となる。「すべてを言う権利」は、すべてにお墨付きを与えることでも、すべてが同価値であると認めることでもない。それは「何でもあり」ではない。あらゆる表現の自由を認めることは、あらゆるものに開かれた内実をもつ表現をより高く評価するはずである。したがって、たとえばヘイトスピーチは、その表現の自由そのものによって退けられる。それは他者を蔑視する土壌を作ることによって、みずからが享受している権利の土台そのものを踏みにじるからだ。このように「すべてを言う」無条件な権利や自由は、どれだけ他者に開かれているか、みずからをどれだけ普遍化できるかという条件を課す。

表現者が思考すべき課題

こう考えてくると、今回の襲撃事件の元となった風刺画がはたしてフランス社会におけるイスラームという「他者」に開かれたものであったか、疑問がわく。

ヨーロッパでもっともイスラーム系移民が多いフランスではあるが、やはりマジョリティはキリスト教白人であり、イスラームはフランスにおける「他者」である。フランスで生まれ育ったイスラーム系移民の二世、三世がどれほど自分たちはフランス「ネイティヴ」だと主張しても、フランスのマジョリティの側が（みずからの「生地主義」を裏切って）彼らを「異分子」扱いし、日常生活や就労等々、様々なレベルで「差別」していることは否めない。連綿と続くアメリカの反イスラーム・グローバル政策や「文明の衝突」論などはおくとしても、フランスにおける「マイノリティ」、「他者」、「弱者」としてのイスラーム教徒の置かれた立場を考慮したとき、イスラーム主義批判を超えてイスラーム社会全体に対する侮蔑となりうるシャルリ・エブド紙の絵をはたして風刺画と呼んでよいかどうか、少なくとも風刺画としてのその質を問う必要があるだろう。風刺画を美化しすぎるのもよくないが、しかし一般的には風刺画には、権力を持たない弱者が権力者を揶揄・嘲弄することによって行う、せめてもの抵抗・闘争というイメージがある。だからこそ世間も少々どぎつい表現も許す。フランス社会であれば、共和制大統領やキリスト教会、グローバル大企業に対するものであれば、少々逸脱ぎみの風刺画も許されるだろう（所詮「ガス抜き」でしかないとしても）。しかし、それが弱い立場の者に対して向けられるとしたら、単なる「弱い者イジメ」でしかない。表現はそれが投げ込まれる状況や場や力関係によってまったく異なる作

用を及ぼす。そうした作用を十分に考慮せずに風刺は成り立たない。この点で、問題の風刺画はどうだったのか。世界的なイスラーム敵視政策のなかで、またそれと連動した形でムハンマドの風刺画が売れるという環境のなかで、しっかりとした風刺的な計算があったのか。シャルリ・エブド紙に限らず、表現者たるものに思考すべき課題は多い。

テロルの時代に何ができるか

もちろん、たとえどんな問題があるにせよ、表現を暴力や武力によって抹殺・封殺することは許されない。人間の生命を物理的に破壊することは取り返しのつかないことであり、キリスト教やイスラームに共通の重要な価値である「赦し」の精神にも反する。それはローマ法王が「神の名の下に殺人を犯すなど常軌を逸しており、正当化できない」と言ったように、神の名を騙って自分の暴力を正当化し、神の名を汚すこと、神を自分の道具にすることである。また物理的暴力は埋めがたい溝を生み出し、他者との交流・交渉の可能性を排除する。言論や表現の自由の空間の破壊は、その空間があればこそ露わになる問題や矛盾を見えなくし、解決を求める声を抹殺する。結果的には、武力を持った者が好き放題やる世界を招くだけである。しかし、その一方で、直接的な物理的暴力ではないが、象徴的な、文化的な暴力というものもある。そして限度を超えた過剰な物理的暴力は、象徴的・文化的暴力によって醸成され推進されることが多い。象徴的・文化的な色メガネが物理的暴力の悲惨さを覆い隠してしまうのだ。メディアによる情報格差は深刻である。フランスの《私はシャルリ》デモが世界中に配信される一方で、イラク戦争での米軍関係の犯罪的行為や欧米におけるイスラーム系移民の日常的差別の問題などはほとんど報道されない。この報道偏向によって「表現の自由」擁護の運動が世界的な反イスラーム運動へと流されていく恐れはきわめて強い。ペンと剣が共犯関係を結ぶような「ペンは剣よりも強し」は望ましくない。

パトロール中に襲撃現場に駆けつけて射殺されたイスラーム教徒の警官アーメド・ムハベを追悼するツイッターが話題を呼んでいる。「私はシャルリではない。私は殺された警官アーメドだ。シャルリは私の信仰と文化を嘲弄したが、私はシャルリのそうする権利を守るために死んだ」。私も少なくとも《私はシャルリ》よりは《私はアーメド》のほうに共感するが、しかし私はアーメドでもない。イスラーム系移民の現実を知らない私が知ったかぶりをすることは許されない。シャルリでもアーメドでもない私たちに何ができるか。とりあえず、国によるのであれ他の勢力によるのであれ、武力による人身と表現へのあらゆる暴力に反対すること、メディアの不平等を批判すること、そして対抗テロリズムの温床である国際的軍国主義と戦うこと、これである。

ふじもと・かずひさ 1966年生まれ。早稲田大学文学学術院教授。哲学。著書に『情報のマテリアリズム』、『外国語学』、『批判感覚の再生』など。訳書にデリダ『プシュケーⅠ』、『散種』、『哲学の余白』、デリダ＋ハーバーマス『テロルの時代と哲学の使命』、デリダ＋ボッラドリ『来たるべき世界のために』ほか。

実名を隠しながらも、あきらめない。

港 千尋

事件後、ひときわ痛切な思いにかられた写真がある。ジョルジュ・ヴォランスキの娘にあたるエルザ・ヴォランスキがインスタグラムで撮影した父親の書斎の写真だ（http://bit.ly/1vdKKwO）。机の上にはペンがある。今にも彼が帰ってきて、すぐにペンを取り描きだしそうな雰囲気なのだ。実際、そのつもりだっただろう。ヴォランスキだけでなく、あの日編集部にいたみな も、編集会議後にはそれぞれの仕事場に戻って、いつものようにペンを取るはずだった。突然訪れた死、それをどのような枠組みで考えようとも、どこかに不可解さが残ることを、その写真を見つめながら考える。

娘の言葉によれば、ヴォランスキは彼の仕事が危険を伴うことを承知していて、不安にもかられていた。それでもその仕事を続けていたのは、別の不安を感じていたからだったという。社会がどうなってゆくのか、という心配だ。少なくともそう心配していたのが彼ひとりではなかったことは、数百万人という空前の追悼集会が示すことになってしまったが、だからといって彼らの死が無駄ではなかったということにはならない。「表現の自由を守る」ことの難しさを想像しなくてはならないように思う。

原理主義者と極右勢力

シャルリ・エブド事件から直接思い出したのは、ちょうど20年前の1995年に原理主義をテーマに話し合い、それをまとめた本『原理主義とは何か』である。アルジェリアで当時、作家やジャーナリスト、学者をはじめ、非常に多くの人がイスラーム過激派によって暗殺され、彼らを支援するために作られた国際作家議会を機会に集まった西谷修、鵜飼哲と私の3人で行った討論だった。議会の議長に『悪魔の詩』で預言者を冒瀆したとされ、暗殺の危険にさらされていたサルマン・ラシュディがついたこと、また集まりのきっかけが旧ユーゴスラヴィア各国で勃発していた戦争や、一般市民の大量虐殺やサラエボ包囲下の人道支援にあったことなど、扱われた話題は「原理主義」を複数の視角から考えようとするものだった。

当時の状況を参照してわかることは、アルジェリアで起きていたことが、20年

後にパリのど真ん中で起きるようになったということである。もちろん、パリ生まれの若者が海外で軍事訓練を受けて、このような襲撃を行うようになるとは誰も想像しなかっただろう。だがそれを引き起こした根本には、「延長された植民地主義」と呼びたくなるような、フランス社会における根強い旧植民地出身者に対する差別があり、その差別を公然と支持し排外主義へと傾く極右政党の存在がある。

ヴォランスキの不安とは、イスラームを侮辱するような表現がイスラーム教徒を怒らせるだけでなく、反イスラームで共闘する欧州の極右勢力にとっては好都合であり、さらにはそうして社会の分断と憎悪の醸成をもくろむ原理主義者にとっても、格好の材料となるという厳しい現実だっただろう。《わたしはシャルリ》を掲げて連帯を示した市民たちは、このようなジレンマに陥っていた作者たちの不安を共有していただろうか。それを感じていた人々は、襲撃を強く非難しながらも、同時に「シャルリ」の意味を自問したにちがいない。それは何のための名なのだろう？

線の個性

宗教的原理主義に抵抗するための作品を作るアーティストは数多く存在する。どの国においても、厳しい抑圧をうまくかわしつつ、機知とユーモアによって、そして国際的な連帯によって、表現活動を続けている。そうしたアートにおける創造とシャルリ紙の風刺画は、共闘関係にあるように見えるかもしれないが、必ずしもそうではない。風刺画が「事件」として取り上げられ、すべての表現が事件に回収されてしまうような風潮が高まれば、発表できるものもできなくなり、結果として検閲が強まってしまう。「シャルリ」は、表現の自由を阻もうとする勢力にとって、もってこいの材料となるだろう。

もちろん大多数の人にとっては質の悪い冗談として顔をしかめるような内容でも、シャルリ紙に掲載される風刺画には、感心させるような機知に富んだ絵も多かった。いずれもフランスを代表する漫画家や人気イラストレーターたちで、多くの読者に愛されていた作家だった。どの国でもそうだろうが、イラスト1本あたりの原稿料は少ないものである。政治的なポジションとは別に、機会があれば幅広い媒体にイラストを寄せていたし、漫画フェスティヴァルなどでも常連の作家だった。小さい頃から彼らの絵に親しんできた大多数の人にとって、彼らがいちどきに殺されることなど、どう考えてもありえないことである。失われた才能の大きさは、計り知れない。

それ以上に大きいのは、ファンにとっての心理的な打撃である。シャルリ紙を買ったこと、読んだことのない人にとっても、衝撃の深さは計り知れない。こうしたイラストの善し悪しは、線の個性によっても判断される。それは主義や主張とは別の次元での判断である。彼らのようなレヴェルの作家になると、ちょっとした走り書きでも、それが誰によるものか分かるものだ。ここが写真や映像と大きく異なるところで、イラストは線の個

性に共感することで、好き嫌いが分かれる。「諷刺画」というカテゴリーは、ややもすると政治的なポジションだけで判断されてしまうが、描く側、表現する側からすれば、線に対する感覚的あるいは身体的な共感が先立つ。その線が永遠に止まってしまったということの打撃は、なかなか説明がつかない。人の生命とは別の次元で、表現の自由とも別の次元で、何かが永遠に失われたのである。

風刺の系譜

チュニジア生まれのヴォランスキは、シャルリ紙の前身『アラキリ』時代からのメンバーだった。もっともシャルリ的な表現とも言える痛烈な下半身ジョークを描き続けたが、保守系の代表的なグラフ雑誌である『パリ・マッチ』にも乞われて寄稿するようになっていた。その点では「国民的」なイラストレーターとして認知されていたと言えるかもしれない。少なくとも群を抜いて絵がうまかったことは確かである。

画業50年を記念した集大成的アルバムが出版されているが、その表現の一徹さには頭が下がる。その世界を描かせたら彼の右に出る者はいないと納得させるだけのものがある。どんなところにいても、描くのは速かった。限られた線で、その場の雰囲気を伝えることに天才的な技術をもっていた。

今回特別に掲載するのは、日本を訪れたときに残したスケッチである。画家本人を囲むのがバニーガールに見えて、実はみなネコの耳をしているところに、ニヤリとする人もいるだろう。

ヴォランスキ 1992年

こうした線の速さは、感覚的思考の速さであり、そこにこそ諷刺の力がある。言葉とイメージを組み合わせ、哄笑によって固定観念を揺り動かす力。その意味でヴォランスキと彼の仲間たちは、オノレ・ドーミエやナダールといった人々の流れを汲む芸術家である。ナダールは写真家でもあったが、写真では表現できないことを、諷刺画に込める天才も持っていた。

写真や映像との関係においても、諷刺画の役割は重要である。イメージを事実との関係においてだけ考えるような傾向がますます強くなる状況のなかで、想像力や批評の力を取り戻すうえで、以上のような諷刺の系譜を廃れさせてはならないだろう。

そのことは、事件直後に世界中のイラストレーターが犠牲者への連帯を、絵をもって表明したことにも明らかである。アルジェリアやトルコなどイスラーム圏のイラストレーターも多く含まれていた。

サステナブルな抵抗

今回の事件の影響は、まだまだ予想ができないが、テロリズムに抵抗して表現を続けてきた人々がフランス国内よりも、イスラーム世界のほうに圧倒的に多いことを思い出したい。20年前のアルジェリアで殺された人々のなかには、国民的な歌手や画家、写真家など多くの表現者がいたが、アフガニスタン、イラク、シリアへと拡大した現在となっては、その数は数倍に膨れ上がるはずだ。それでも抵抗を続ける人々の多くは実名を隠しながら、作り続けているだろう。「シャルリ」は、そうした人々にとっての「名」となることが可能だろうか？　機知とユーモアを失うことなしに、制作を続ける作家やアーティストたちにとって、「シャルリ」は連帯できるようなメディアなのだろうか？

たとえば、事件後翌週に発売された号の表紙を、学校の美術の授業で使うことはできるだろうか。そこに描かれている像と言葉との関係について生徒たちと、いっしょに考えてみることは可能だろうか。それにはまず、美術だけでなく広告や映画、文学など幅広い領域における禁止や検閲の歴史を知らなければならない。また学校でのスカーフの着用禁止をはじめとした、シンボルと権力の批判的解釈も必要である。限られた時間とスペースのなかで描かれた、それ自体は単純に見える像だが、解釈には領域を横断する知的努力と幅広い議論が必要である。

そのような議論が可能な社会こそがヴォランスキを含め、わたしたちがよって立つ社会である。またそのような議論ができなければ、何百万部売れようが、意味はない。以上のような複合的な視角から徹底的な議論がなされれば、たった一枚の絵から、宗教的原理主義やテロリズムに対抗するための、有効な考え方を創りだすことも可能ではないだろうか。ライシテはその必要条件ではあるが、十分条件ではない。かつて国際作家会議が始めたように、連帯して、「考え方」を創りだすような場がなければならない。ヴォランスキ自身の怖れは、子どもたちからそのような場と議論を奪うような政治である。

しかし本当に恐ろしいことは、国も文化も宗教も問わず、画家たちがもはやこの世界に愛想をつかし、描く必要などもうないとペンを投げてしまうことである。この世界にもう笑いも涙も無駄なのだと、あきらめてしまうことなのだ。その日が来ないように抵抗をつづける、それ以外にもはや表現の自由が持つ意味はないし、イメージをつくったり言葉をつむいだりするわたしたちにも、この問いは重くのしかかるのである。

みなと・ちひろ　1960年生まれ。多摩美術大学教授。写真家。あいちトリエンナーレ2016芸術監督。主要著書に『群衆論——20世紀ピクチャー・セオリー』、『記憶——「創造」と「想起」の力』、『影絵の戦い——9・11以降のイメージ空間』、『パリを歩く』、『原理主義とは何か』（共著）ほか。

マンガの国がプロテストするとき

カリン・西村＝プペ

　表現の自由と画(デッサン)。シャルリ・エブド襲撃をきっかけに結びついた2つの言葉は、日本のフランス人社会のなかで数々の問いを呼び起こしたが、そうした問いは日本以外の場所では生まれなかったものかもしれない。というのもマンガの国・日本において、画を描く権利は、ひとを傷つけないという条件のもとでのみ擁護されるからだ。

　多くの日本人が、革命派の末裔である私たちが言論の自由や描くことの自由に対して与えている定義に、かなり疑いの目を向けた。「もちろん、襲撃は許されないし、ひどいことではあるけれど、伝わる内容には注意しないと」。これが日本で最も広く共有されている意見だ。東京新聞にいたっては、事件のあと最初に出たシャルリ・エブド紙の表紙を掲載したところ、数十名のイスラーム教徒が抗議したというので、国内のイスラーム教徒に謝罪した。こうした姿勢は、フランス人にとっては理解しがたい。掲載した時点で、不満を抱くひとがいるのはわかりきっていたのだから。後から謝罪するのは、特定の人々による検閲を受け入れるのに等しい。

　19世紀末、ジョルジュ・フェルディナン・ビゴとチャールズ・ワーグマンというフランス人とイギリス人の風刺画家が、辛辣で、批判的で、挑発とブラック・ユーモアにあふれた画の技法を日本人の弟子たちに教えた時代もあった。だがそんな時代はとうに去った。今日の日本にシャルリ紙と同質の風刺新聞はもはや存在しない。

　告発を裏に秘めたユーモアが日本文化にはない（前はあったのかもしれないが）。だからこそ日本政府は2013年9月、『カナール・アンシェネ』に載った2枚の戯画に抗議し、日本のマスコミは寄ってたかって叩いた。そのうち1枚はカビュ作で、髪をだんごにまとめた弱々しい2人の力士が、1人は脚を3本、もう1人は腕を3本生やし、手前ではスポーツ解説者が「すばらしい。フクシマのおかげで相撲がオリンピック競技になりました」と言っている、というもの。後景に事故を起こした福島第一原発が素描されている。「このような風刺画は2011年3月11日の大災害で被災した方々の気持ちを傷つけ、誤った印象を与える。大変遺憾」と菅義偉官房長官は説明した。

　大多数の日本人は、この画がどういうふうに教訓と告発の意味を持つのかがわからなかった。単にひとを傷つけて笑いものにしているとしか見なかったのだ。

　同様に、報道系の雑誌や新聞に掲載される伝統的な「四コママンガ」も、頻繁に時事に言及するものの、不敬を働くことはない。こうして、だれかが意地悪だと感じる可能性のあるもの、ひと目見て誤解されそうなものは描かれないことになる。谷口ジローの発言はこのことをよく物語っている。谷口によれば、「人間という動物はまず視覚で反応する。言葉や説明は後からやってくる。マンガは何よりまず目に訴えるものだから、画が間違って

解釈され、誤った第一印象の衝撃だけが残ってしまうこともありうる」。そして単に良識の問題だというように言い添える——「自分で自分に何かを禁じたりしたことは今までないと言っていいと思う。ただ、自分のすることについてよく考える必要はあるのではないか」。とはいえ、もしかするとそれは「日本文化に深く根づいた姿勢なのかもしれない」と彼は認める。「というのも、表現の自由はフランスではきっと歴史と教育に強く結びついた概念なのでしょうが、日本では少し受け取り方が違って表現の自由に対する態度には曖昧なところがあるから」（AFP通信への2015年1月20日のインタビューから）。

まさにここが鍵。表現の自由は日仏両国で定義が異なるのだ。フランスでは、なんでも許されているわけではない。表現の自由は法によって制限されている。たとえば人種差別に属する画は認められておらず、法律は平等に適用される。日本では、法は（理論においても現実においても）大手出版社や大手マスコミに掲載される漫画家の作品に対しては制限を設けるのに、アマチュアのほうはインターネットや同人誌でまったく罰されることなく好き放題が出来てしまう。これはフランス人の目には不正のきわみと映る。結果、フランスでは違法となる児童ポルノの場面を大量に含んだマンガが日本では法的に認められている。そして、このような画像を制限するための法律改正が話題となるたびに、日本の漫画家たちはまさに「表現の自由」を旗印に声をあげるのだ。

カリン・にしむら＝プペ　AFP通信東京特派員、フリージャーナリスト。夫で漫画家のじゃんぽ〜る西とともに日仏のことばと文化をテーマにしたコラボレーション企画「フランス語っぽい日々」（西）と「C'est vrai?」（プペ）を『ふらんす』に連載中（2013年4月号〜）。著書 Histoire du Manga, Les Japonais.

訳：笠間直穂子（かさま・なおこ）國學院大學助教。仏近現代文学、BD研究。主な訳書に、ンディアイ『みんな友だち』、『心ふさがれて』。

テロ事件で浮かびあがったフランスの国のかたち

山口昌子

フランスの国是

　司馬遼太郎は〈この国のかたち〉という美しい表現で日本のさまざまな事象に考察を加えたが、世界中に衝撃を与えたフランスの風刺週刊紙シャルリ・エブドへのテロ事件では、フランス革命（1789年）に端を発する〈共和国〉というフランスの〈国のかたち〉を鮮明に浮かび上がらせたといえる。つまり、フランス憲法に明記されている国是、「自由、平等、博愛（連帯）」と「非宗教」という〈国のかたち〉だ。

　換言すれば、フランスは日本人が通常、思い描く「エレガントでシックでちょっとシニックで老獪」という"おフランス"というイメージをはるかに超えた、強靭な意思で共和国の価値を必死で堅持しようとしている〈フランス共和国〉であるということだ。

　シャルリ紙はいわゆる68年の「五月革命世代」によって1970年に創刊（前身の名称は『アラキリ』）され、当時権勢を奮っていたカトリックが風刺、挑発、揶揄の対象だった。もちろん、時の政治家、軍人、富裕層、人気スターなども時に過激で下品な挑発から免れなかった。イスラームの預言者ムハンマドを風刺の対象にし始めたのは約10年前からだ。風刺が文化であり伝統であり、多少のことは笑い飛ばして済ますフランスでも、あまりの下品さや過激さゆえに、同紙が抱える係争事件は約80件に上る。ただ、法に訴えることはあっても、卑怯かつ野蛮で問答無用の「テロ」に訴えるようなことはなかった。

　ところが、同事件での犠牲者の中にステファン・シャルボニエ編集長の護衛官もいたことが示すように、この数年、編集長は絶えず、死の脅迫に晒されてきた。この時期は各地のアルカイダ系のテロの活発化や「イスラム国」が蠢動し始めた時期に重なる。数年前には放火事件にも見舞われている。そして、この死の脅迫にもかかわらず、同紙が編集方針を変えずに死守したのが「表現の自由」、つまりフランスの国是であり共和国の価値である「自由」だった。

反テロとしての共和国デモ

　だからこそ、テロ事件の数時間後にはデモの名所レピュブリック広場に《私はシャルリ》を合言葉に自主的に約10万人のフランス人が馳せ参じ、3日後の11日の日曜日にはフランス全土で約370万人が党派の相違を乗り越えて結集した。デモが「共和国デモ」と命名されたのも偶然ではない。この中には通常は同紙の編集方針に眉を顰める市民も多数含まれていたはずだ。そしてこの広場に共和国の象徴マリアンヌ像が屹立しているのも偶然ではない。

　一方で、テロ事件の直後、サルコジ前大統領らが、「アマルガム（混同）するな」と呼びかけたのは、イスラーム過激派とイスラーム教徒（ムスリム）を混同するな、という意味だ。フランスにはアラブ

系（多くはイスラーム教徒）が国民の約8パーセントを占める。イスラーム教徒イコール、テロリストではないと明確に区別しよう、と訴えたわけだ。

この言葉を裏付けるかのように、シャルリ紙へのテロ事件で犠牲になった警官の1人はアラブ系でイスラーム教徒だった。同時に発生した4人が犠牲になったユダヤ系の食品マーケットへのテロ事件では店の従業員が店内の客や同僚を冷凍室に避難させて救ったが、彼はマリ出身のイスラーム教徒だ。彼はこの英雄的行動の褒賞として長年、申請中だった仏国籍を与えられた。

「『イスラム国』は国家でもなければ宗教団体でもない。テロリストだ」（ファビウス外相）とフランスは明確に定義し、今回のテロ事件も日本の一部で言われているような「イスラームと西欧文明の価値観の対立」といった認識はほぼ皆無だ。

オランド大統領の呼びかけもあったがドイツのメルケル首相やイギリスのカメロン首相など欧州の首脳はもとよりイスラエルのネタニヤフ首相とパレスチナ自治政府のアッバス議長が恩讐を超えて参加したのも、このデモが「反テロ」であり、民主主義の基本である「自由」を擁護するためだったからだ。米国のオバマ大統領が不参加だったことをホワイトハウスが「誤りだった」と認めたゆえんだ。

テロの脅威は日本では比較的薄いが、ヨーロッパでは2004年のスペイン・マドリードでの列車同時爆破事件や2005年のイギリス・ロンドンでの連続爆破事件など大量の死傷者を出すテロの脅威に晒されている。フランスでも2012年にイスラーム過激派の青年によるユダヤ人学校の生徒4人を含む7人が犠牲になったテロ事件が発生するなど予兆はあった。フランスには「反逆、破壊、陰謀、スパイ、略奪」など国家の安全を脅かす行為を対象に個人、団体に適用される「反テロ法（破防法）」が存在し、「摘発がしやすい」（ブリュギエール元予審判事）側面もあるが、「3000人が監視対象」（ヴァルス首相）の現在、いつテロが起きても不思議ではない。

安全のための国家法

「表現の自由」が「出版自由法」に明記されたのは、第三共和政時代の1881年だ。「個人または集団に対して、出自、民族、国家、人種、宗教に属する、または属さないことに起因する差別、嫌悪、または暴力」は厳しく断罪される。

「テロ称賛禁止法」もある。反ユダヤ主義のお笑いタレント、デュドネが「私はシャルリ・クリバリ」とユダヤ系のマーケットを襲ったテロ犯人アムディ・クリバリを賛美して罰金を科せられた。

フランスでは当然ながら、「人種差別禁止法」もある。「出身、性別、民族、国家、人種、宗教によって人と人とを区別する行為」を禁止。「性別」はもとより、「家族状況、身体的外見、財政状況、健康状態、年齢」などによる差別も対象だ。

イスラーム教徒の女性に公共の場でのスカーフや全身を覆うブルカやニカブの着用を禁止する通称「スカーフ禁止法」も決して、宗教弾圧やイスラーム系移民差別ではない。同法ではユダヤ教徒のキッパやキリスト教徒の大型の十字架など

も「公共の場」での着用を禁止している。フランス共和国の「自由、平等、博愛」に抵触するからだ。同法の精神は服装などによる宗教的規律から解放されるが故に「自由」であり、宗教的外見から無縁であるがゆえに「平等」であり、信仰とは無関係な市民的空間を構築できるがゆえに「博愛」だからだ。

ただ、王様をギロチン台に送り、「非宗教」が国是であるフランスには「冒瀆罪（不敬罪）」が存在しない。それゆえに、検事ら司法当局者らは「テロ賛美」や「人種差別」で起訴できるのか、起訴の対象にならない「不敬罪」に相当するのかで頭を悩ますことにもなる。

ライシテで国歌斉唱

「非宗教」の概念が生まれたのもフランス革命当時だ。国民が貧富や宗派、階級の差なく学校教育を平等に受けられるように「授業料無料、義務教育」とともに「非宗教」が導入された。王政とともに権力をふるっていたカトリックを牽制する意味や、英仏百年戦争に代表される中世の血みどろの宗教戦争の苦い経験も背景にあったからだが、紆余曲折を経て第三共和政下の1905年に学校教育だけではなく、「政教分離」が明確化され、「非宗教」が憲法に明記された。

フランスが「非宗教」の国であることは大統領の就任式典とアメリカ合衆国の式典とを比較するとよくわかる。米国では大統領が就任式で聖書に手をおいて宣誓する。フランスではこうした宗教儀式はない。憲法評議会議長が選挙結果を報告し、レジオン・ドヌールの最高章が授与されるだけだ。イギリスでは代々の国王が国教のトップである。

ただ、いかにも理詰めのデカルトの国らしいフランス独特の「非宗教」という考え方は「表現の自由」や「スカーフ禁止法」とともに外国人にはわかりにくいことは確かだ。テロ事件発生以来、イスラーム教徒の多いアラブ諸国を中心に激しい反仏運動が起きている。

ヴァルス首相はテロ対策として総計4億2500万ユーロ（約565億円）の計上と2680部署の増設を発表した。国内で1月8日の「1分間の黙禱」を拒否した者もいたからだ。《私はシャルリではない》との抗議が学校関係だけで約200件（内務省、2015年1月末現在）もあった。

こうした事態を重視した政府はナジャット・ヴァロー゠ベルカセム国民教育相が「未来の市民形成のための共和国の価値」を学校教育に導入するための方策を発表。学校では改めて教師が小学校低学年のクラスで「自由、平等、博愛」や「非宗教」のなんたるかを説明し、黒板に国歌「ラ・マルセイエーズ」の歌詞を書き、生徒に斉唱させている。外敵に対する国防目的の軍歌であるこの国歌も共和国の象徴だ。

フランスは今、テロ事件を教訓に共和国の価値である「自由、平等、博愛、非宗教」という〈国のかたち〉を未来の市民である子供たちに継承させるなど、必死で守ろうとしていることだけは確かだ。

やまぐち・しょうこ　前産経新聞パリ支局長（1990～2011年）。同新聞社で教養部、夕刊フジ、外信部次長、特集部編集委員を歴任。著書に『シャネルの真実』、『ドゴールのいるフランス』、『原発大国フランスからの警告』、『フランス人の不思議な頭の中』など。訳書にフランソワーズ・ジルー『マリ・キュリー』など。

誰がテロリストと呼ばれるのか

四方田 犬彦

1

　十歳代のわたしは、〈敵〉という観念で武装することを片時も忘れていなかった。ただそれが短くない歳月のうちに、しだいに〈他者〉という観念へと移行変容していったことを、自分としては幸運なことだと思っている。「奴は敵だ、敵を殺せ」という内ゲバの時代に大学生活を送り、その後、モロッコやインドネシアといったムスリム世界に親しみを覚え、しばしば滞在を重ねたことが、わたしに〈敵〉観念からの解放を促したのだ。イスラーム文明も、その特化された発展形態としてのヨーロッパ文明も、わたしにとって等しく他者である。だが、それはけっして敵ではない。

　だが、わたしが親しげな他者だと信じていた者たちのなかに一部、敵という観念が強力に台頭してきたとしたら、わたしはそれに対しいかなる判断を下せばいいのだろうか。それが局所的な病的現象であることはいうまでもない。しかし他者が病んでいるということは、それに向かいあっているわたしも何らかの意味で、病の圏域にあるということではないか。

2

　今回のフランス風刺新聞社襲撃事件を企画したり、それに共感を抱いている人々は、世界の首脳を含む370万人の人間たちがデモ行進に参加している映像をTV画面で眺めながら、今回のテロが成功裡に終わったことを祝っていることだろう。なんとなればテロとは、スペクタクルとして結実したときに初めてその意味が確認される暴力だからである。

　テロは恒常的な戦闘状態のなかでなされる殺人とは峻別される。テロがテロたりうるのは、それがとうていありえない日常的な空間において突然に勃発し、メディアを通して全世界に惨状が報道され、人々に決定的な動揺を与えるかぎりにおいてである。殺人や誘拐が重要なのではない。そうした具体的な行動によって「市民の日常」という観念に修復不可能な亀裂を走らせたとき、テロはみごとに目的を果たし、テロリストは歴史に傷痕を残すという自尊心を満足させるのだ。これは滑稽ではあるが否定できない逆説である。テロに反対する者たちの政治的示威行動が大きく盛り上がれば盛り上がるほどに、テロリストは自分たちの引き起こした、相対的にいって豆粒ほどの行為の重要性に酔い痴れるのだから。

　テロに反対する者たちの非暴力主義と、テロリズムが信奉する暴力とは、正確に鏡像の関係にある。どちらかが欠落したとしたら、もう一方もたちどころに崩れてしまうだろう。非暴力主義が存在理由をもちうるためには、世界中に暴力の嵐が吹き荒れていなければならないし、テロルはありとあらゆる暴力が抑圧され封印された状況においてこそ、スペクタクルの一瞬の輝きを、全世界の闇にむかって放ちうることができるからである。

テロルは悼ましい事件であるが、それを契機としてくだんの漫画雑誌の部数が3万部から300万部へと一気に拡大し、非暴力を唱える多くの人々がそれを手に振りかざすという現象は、さらにグロテスクな現象であるように思われる。これまでアンダーグラウンドにあった文化が、テロルの犠牲者となることで一気に消費社会の中の文化商品の栄光を手にすることに、わたしは耐えられない気持ちを抱いている。健全なる市民社会はこうして、かろうじて生き延びてきた文化スキャンダルのメディアをも再領土化してしまうのだ。もちろん次の瞬間にそれが無残にも放擲されることはいうまでもない。

3

　シネマトグラフは、本来が恐怖のスペクタクルを視覚的に組織する試みとして、19世紀の終わりに考案された。それが殷賑を極めた20世紀とは、同時に現実世界においてテロルが猖獗を極めた世紀でもあった。暴力がスペクタクルとして提示されるとき、視覚メディアである映画は、それに対抗して何をなしうることができるだろうか。わたしは『ダイ・ハード』のように、テロリスト撲滅作戦を描いた低劣なハリウッド映画の盛況について語っているのではない。ブニュエルをはじめ、若松孝二、ファスビンダー、ベロッキオといった映画作家が、いかに真摯にテロリズムに向かい合ってきたか、その跡を今こそ謙虚に辿ってみる必要がある。テロルの犠牲者への服喪のあり方として映画に再定義を試みるのは、こうした確認作業を通してでなければならない。テロルのさなかにあってわれわれが認識しなければならないのは、映画に宿命的な属性である事後性を、服喪の契機として読み直すことである。だがこうした微妙な企ては、多くの場合、テロリズムのスペクタクル性を卑小に模倣しみずからの富として喧伝する映画産業の情報洪水のなかで、聞き届けられることが稀である。

　長年の懸案であった『テロルと映画』という論考をようやく脱稿して、ニューヨークに逃げてきた。コロンビア大学に収蔵されている、戦前の日本映画についての莫大な資料に埋没して数か月を過ごすためである。ところが到着してそうそう、人に勧められ、とてつもなく愚劣なフィルムを1本、観るはめになってしまった。この原稿が活字になるころには、あるいは日本でも公開されているかもしれない。エヴァン・ゴールドバークとセヌ・ローゲンが監督した *The Interview* というお笑いドタバタ映画のことだ。わたしはそれを満員のヴィレッジ・シネマで観た。全米350館でいっせい公開されたこのフィルムに、観客たちは笑い転げていた。

　セレブのゴシップを暴き立てては笑いをとっている、下品なトーク番組がある。司会者のデイヴとアーロンは、あるとき奇妙な噂を耳にする。北朝鮮の金正恩が番組の熱烈なファンだというのだ。そこで二人はジャーナリストに身を窶し、中国経由でこの第一書記にインタヴューを

申し込む。もちろんCIAにとってこんなチャンスはない。さっそく二人に毒薬を手渡して、金正恩の殺害とクーデターの演出を依頼する。二人は不承不承にそれを引き受け、北朝鮮に入国する。彼らには国家宣伝官の女性スク（淑？）がつねに同行する。

デイヴは金正恩と意気投合し、一度はお互いに誤解が解けたと信じ込む。だが金の護衛の一人が、毒薬をチューインガムと間違えて口にしてしまうあたりで金正恩の悪しき真意を見抜き、やはり彼の神格化の化けの皮を剝がさなければならぬと決意する。一方、スクはアロンと恋仲になり、金書記を悪しざまにいうようになる。ここで三人は協力し、国際的なTVインタヴューの場に書記を登場させることに成功する。彼らは意図的に金正恩の父親の「偉業」に言及し、ついに若い書記を落涙させてしまう。生き神様が泣いているという映像に接した北朝鮮の国民たちは仰天し、書記の威光は地に堕ちてしまう。三人が戦車で逃亡を試みると、怒った金正恩は大陸弾道弾で攻撃を仕掛けてくる。だがデイヴが機転を利かせ、ヘリコプターごと彼を殺害することに成功する。独裁者が消滅した北朝鮮は民主主義の国家に生まれ変わり、スクが臨時大統領となる。

荒唐無稽といえば、これ以上に荒唐無稽なフィルムはない。最初わたしはそれを、1933年にレオ・マッケリーがマルクス兄弟を起用して撮った『吾輩はカモである』と比較できるだろうかと考えてみた。ヒトラーが政権をとった直後に、ニューヨークのユダヤ系ボードヴィリアンたちが彼を徹底的に風刺して演じた、スラプスティック喜劇である。だがそれはできなかった。マルクス兄弟の場合には、敵を罵倒するというベクトルが突然に反転してわが身へ向かい、最終的には無方向な攻撃衝動と四散するというアナーキズムがあるが、*The Interview* にはそれが完璧に欠落している。北朝鮮をテロ国家として敵視するアメリカの政治外交方針を無前提的に踏襲したまま、安全地帯にあって不毛な道化芸に徹しているだけだ。そこにはナチスもアメリカもどこが違うのだといわんばかりに、民衆の戦争への狂信を距離化してみせるといった、マルクス兄弟の残酷な批評眼はない。CIAの指令を受けて第一書記の暗殺を計画する二人のコメディアンは、誰の眼からしてもテロリストである。これはテロリズム国家に対してはテロリストを送りこむことが外交的に許容されるというプロットラインを、お笑いを通して説いているイデオロギー的なフィルムにほかならない

The Interview の一般公開をめぐる騒動については、すでに日本でも充分に報道されていると思うので、ここでくだくだと説明することもないだろう。このフィルムの制作を聞きつけた謎のハッカー集団が制作会社を脅迫し、会社は一時公開を見合わせた。それに対し大統領が言論の自由の侵害を訴え、激情を鼓舞して公開を推奨した。結果は大ヒットとなり、YouTube を通して今や映像は、北朝鮮を含めて全世界的に散種されている。わたしはこうした映像の遍在という

現象をも含めて、テロリズム的状況であると考えている。十五年戦争の末期に日本の軍部が女学生たちを動員して製作された風船爆弾が、こうして形を変えて、全地球規模でグロテスクに再現されているのだ。

4

パレスチナの映画作家エリア・スレイマンは、エッセイ的なフィルム『殺人のオマージュ』（1992年）のなかで、みずからコンピューターにこう書きつけた。

「テロリズムを名付け直す。テロリズムを呼び直す。それをもう一度、テロリズムと呼び直す。動かないものを動くものに変えるために。ものを、すべてのものをテロリズムと呼んでやろう。人々を、多くの人々を、誰も彼もテロリストだと呼んでやろう。ぼくたちがもう一度、人々になれる時が来るまで。ぼくたちがもう一度、テロリストになれる時が来るまで」。

晦渋な言葉である。だが同時に、身を斬るような切実さのもとに書きこまれた、悲痛な言葉でもある。その晦渋さをいくらかでも緩和するために、簡単な説明をここで記しておこう。

スレイマンは1960年、イスラエルのナザレにパレスチナ人として生を享け、少数派の二級市民として、屈辱的な少年時代を過ごした。22歳の時にニューヨークに留学して、映画製作を学ぶ。その後、1993年にオスロ合議が成立すると、期待を抱いてパレスチナ自治区西岸に渡った。もっともアラファト政権下の自治区の状況に幻滅を感じ、ある時期からは拠点をパリに移して現在に到っている。日本でも『D.I.』というフィルムによって記憶している人は少なくないだろう。

『殺人のオマージュ』は、ニューヨークに滞在して10年目を迎えたスレイマンが、故郷パレスチナを離れていることの孤立と焦燥を動機として撮りあげた、プライヴェイト・フィルムである。主人公はマンハッタンのアパートに一人閉じこもりながら、イラクのクウェート侵略と、それに引き続いて起きたアメリカのイラク攻撃のニュースに苛立っている。パレスチナのためにまったく無力な自分に、恥と焦躁を感じているのだ。「パレスチナ人は神の前で、地獄に墜ちよと宣告された。ユダヤ人はアラファトとテロの厄難のおかげで、天国に行けることになった」。そう独言を呟いてみせるが、何も解決しない。そこで思い余ってコンピューターに書きつけるのが、先の言葉である。

恐ろしい、逆説的な表現に満ちた言葉である。ここにはイスラエルにおいて、また留学先のアメリカにおいて、テロリスト民族と呼ばれ、孤独と屈辱に塗れていた若き映画人の苦しみが、ひりつくような皮肉のもとに語られている。スレイマンはイスラエルが占領地で日夜行っているテロ行為に心痛め、今まさにアメリカが国家的な規模でイラクにテロリズムを仕掛けているという状況に絶望的な気持ちを抱いている。いったいテロリズムとは何なのか。自分は世界のあらゆるものを「テロリスト」と呼び直し、みずからも「テロリスト」だと開き直ってみせ

ることで、この言葉の意味を更新させ、それが携えてきた少数派への抑圧的な攻撃性を解体してみせようではないか。スレイマンはこの言葉に続けて、マタイ福音書にある「誰か罪なき者こそ石を投げよ」という一節を引用し、イスラエル軍にむかって嬉々として石を投げるパレスチナの子供たちの映像で、『殺人のオマージュ』の幕を閉じている。

1992年のスレイマンと2014年のシャルリ・エブド襲撃事件、The Interviewの間には、2001年の9・11事件が横たわっている。その間にあって世界はテロリズムについて、何を学んできたというのだろう。ある人物なり国家なり宗教をテロリストだと命名し、害虫を駆除するかのようにその撲滅を試みること以外には、何も努めてこなかったのだ。日夜生産される対象の映像、図版、コンテンツは、〈敵〉という観念に踊らされ、虚構の二項対立の物語を全世界に蔓延させてきたばかりだった。その結果として、テロリストのお笑い芸人を「テロリスト国家」に送りこむというグロテスクな喜劇映画と、神聖な存在を侮辱されたという理由からテロリズムに訴える狂信者、さらにそれに抗議する、降ってわいた群衆が、時を同じくして出現することとなった。いずれの場合にも共通しているのは「言論の自由」という鍵言葉であるが、これがきわめてイデオロギー的な言辞であることを、まずわれわれは認識しなければなるまい。

誰がテロリストなのか。誰がテロリズムの映像を携えているのか。われわれの周囲にはこうした問いが氾濫している。だが、それが誤って定立された問いにすぎないことを、われわれは謙虚に受け入れるべきではないか。正しい問いとは、それをテロリズムと名付けているのは誰であるのか。誰の力に帰属しているとき、それがテロリズムと呼ばれるのかというものである。

よもた・いぬひこ 1953年生まれ。映画史・比較文学。テルアヴィヴ大学で客員教授をした体験から『見ることの塩』を執筆。著書は他に『モロッコ流滴』、『映画史への招待』、『ルイス・ブニュエル』、『人、中年に到る』など多数。近著に『テロルと映画』。

問題は宗教か？
私化する時代の社会統合

高山 裕二

パリ大行進の地政学

1月11日、連続テロ事件の犠牲者を悼む大行進が、フランス各地で行われた。仏内務省の発表によると、参加者は推計で370万人。パリだけでも160万人を超える市民が参加したという。

各国首脳級の要人も参列したが、彼らは出発前、係員によって周到に配置されていた。隊列中央にいるオランド仏大統領とメルケル独首相は、EUを代表する。両脇には、人種や宗教を超えた連帯を訴えるために、マリのケイタ大統領とパレスチナ自治政府のアッバス議長、イスラエルのネタニヤフ首相、その横にはレンツィ伊首相が見える。だが、キャメロン英首相の顔が見当たらない。よく見ると、さらに欧州委員会の委員長と外相、パリ市のイダルゴ市長を挟んで、中央から6人目にようやく姿が確認できる。実際にどういう意図があったかはともかく、この配置は、仏独両国と英国との現在の距離を図らずも印象づけるものだった。

昨年1月、英首相はEU離脱の是非を問う国民投票を実施する方針を表明した。その背景には、移民排斥・規制を訴える英国独立党（UKIP）が同年5月の欧州議会選挙で第1党に躍進したように、国内に広がる反EU勢力の存在があった。独仏はその表明に懸念を示したが、両国の足元も揺らいでいる。フランスでも、極右の国民戦線（FN）が同選挙で最多得票を獲得したのだ。

もう1つの行進——共振する原理主義

同日、フランス南部の町ボケールには、パリ大行進に招待されなかった国民戦線のマリーヌ・ル・ペン党首がいた。彼女は「文明の衝突」を叫び、支持者たちは党名を巧妙に隠しながら、「私はイスラームのテロの凶弾に倒れた無実の人びとである」と書かれたプラカードを掲げて行進した。こうしてイスラームをテロリズムと同一視するのは、彼らのよく知られた常套手段である。

翌日、ドイツ東部の町ドレスデンでも、「ペギーダ」（西洋のイスラーム化に反対する欧州愛国主義者）がデモを敢行し、2万5000人が集まったという。この反イスラーム団体は昨年10月から毎週月曜にデモを行ってきたが、最初は500人程度だった参加者は徐々に増えはじめ、年末には1万5000人に膨れ上がった。関連組織は全国に広がり、パリのテロ事件以降、同種の運動は欧州中に拡大している。社会の不安・不満のはけ口として移民を攻撃し、異なる宗教や人種に対する憎悪を煽る。そこでは、西洋本位の植民地主義や移民政策の歴史が顧みられることはない。

一方で、2012年3月、仏南部で7人が殺害されたユダヤ人学校等連続銃撃事件を例に挙げるまでもなく、欧米社会で不当な境遇に置かれていると感じるイスラーム教徒の側も一部が暴徒化し、憎悪は相互に増幅されてきた。欧米諸国とアルカイダや「イスラム国」との戦争がそ

れに拍車をかけたことは言うまでもない。一方が過激（原理）化すると、他方も過激（原理）化する。お互いがちょうど鏡の関係のように憎悪が深まっている。

　今回のテロ事件は、こうした文脈で起きたという事実をまずは確認しておきたい。預言者の風刺の是非、といった問題にすべてを還元すべきではない。それは出版社が標的になった理由だとしても、根本原因ではない。極端に言えば、別の標的はどこにもありえた／ありうる。他の宗教や人種に対する敵意や怨恨といった負の情念が、公的領域でむき出しにされるような状況から生じた一つの事件だった。脅かされているのはリベラルな社会の統合それ自体である。

　西洋では宗教改革以後、信仰に関わる事柄は私的領域に属し、国家や社会が干渉すべきではないとされてきた。人間の世界観に関わる事柄には正解がない以上——モンテーニュの懐疑主義の伝統——、他人が干渉すれば、終わりなき闘争に発展するからだ。公私の区分、あるいはお互いの思想信条に対する寛容は、それを避けるための妥協だった。そうした人生の意味に関わるような「包括的」価値の多元性を事実として認めたうえで、公正な社会的協働の枠組みを構想する必要がある（ジョン・ロールズ『政治的リベラリズム』1993年）。ある世界観が公共空間を独占し、別の価値や他者の人格を徒に攻撃しない。これが、少なくともフランスのようなリベラル国家の社会を統合するための叡智だった。しかしこれが今、掘り崩されようとしている。

「共和国のロスト・チルドレン」

　実行犯たちの略歴を見ると、この事件は宗教問題とは単純化できず、同様な境遇に置かれた人間なら誰しも事件を起こしえた／起こしうるようにさえ思えてくる。仏メディアによると、主犯のクアシ兄弟はパリでアルジェリア系移民の両親のもとに5人兄弟として生まれたが、まもなく孤児となり、パリから離れた施設で育てられた。弟シェリフが18歳のときに再び上京するが、ホームレス同然の不安定な生活で、非行（窃盗やドラッグ密売）を繰り返したという。転機が訪れたのは、パリ19区の「ビュット・ショーモン」と呼ばれるイスラーム過激派ネットワークに所属したことだ。そのとき、その指導者・説教師によって、幼い頃から何者でもなかった自分の存在が承認される経験をする。「前は犯罪者だった。でもその後はいい気分になった。自分が死ぬとは考えもしなかった」と裁判で告白している。イスラームとキリスト教の違いもろくに知らなかったとされる若者がモスクに通いはじめ、「殉教者として死ぬことはいいことだ」と教えられた。そして2003年に始まったイラク戦争をきっかけに、彼らは聖戦願望を強くしていった（このとき、怒りの矛先は参戦しなかったフランスではまだなく、アメリカの方にまっすぐ向いていた）。

　また今回、ユダヤ教徒向け食料品店を襲い4人を殺害したクリバリ容疑者は、マリ人の両親のもとに10人兄弟の1人として生まれ、フランス最貧困地区、パリ南郊グリニ市で育った。少年期、同じく窃盗などを繰り返し、悪名高いフルリー

メロジス刑務所で共犯者と知り合った。彼らに共通するのは、もともと深い信仰心を持っていた形跡がなく、また（クリバリの精神鑑定も診断するように）ある種の《全能感》を持っていたことである。過激派の指導者に「洗脳」されたかはともかく、〈私〉意識だけが一方的に増殖し、そこに「他者」のはいる余地はなくなっていった。

　見られるように、根本原因は宗教というよりは社会経済の情況にあると言えるのではないか。かつてジョン・ロックは『寛容に関する書簡』(1689年)のなかで（キリスト教社会が前提だったが）、不満や対立は宗教(的結社)が原因だという議論に対して、宗教が理由とされても、実際それは重い抑圧や差別によって起こると述べている。それゆえ、問題解決には「共通の権利の問題で彼らに向けられている不公平な扱いをやめ」るべきだ、と（生松敬三訳）。確かに近年、ある程度裕福な家庭から過激派組織に加わる人間も増えているという指摘もあるように、不満はすべて貧困に由来するとは言えない。しかし、深刻な格差に起因する社会統合の機能不全が、敵対感情を公共空間で安直にしかも露骨に表出させる元凶となっている。ヘイトスピーチから殺人まで、そのあらわれ方は様々であるとしても、各人、各集団内に不満が鬱積し、それがいつでも噴出しうる状態にある。

　公私の領域に一線を引くことはますます困難となる時代を迎えている。そもそも、〈私〉とまったく乖離した公共活動、政治はありえないとはいえ、公共の場で他者の存在を否定するかたちで自己を主張する〈私〉の露出が世界中で目立っている。それを堰き止めるため、公私をつなぐ社会の網の目(ネットワーク)の再構築は欠かせない。だが、「共和国のロスト・チルドレン」（クアシ担当弁護士）を社会統合するにはどうすればいいか。大革命後、社会の再組織化の必要に迫られたフランスの思想家たちが、社会的信仰＝信頼を追求した経験も参考になるだろう。リベラルな社会の統合を支える最低限の理念は何か、その問い直しからはじめる必要がある。

シャルリ以前以後

　事件後、シャルリ・エブド特別号の表紙には、「すべてを赦(ゆる)した」(Tout est pardonné) とあった。そこには、前向きな伝言(メッセージ)が含まれていると筆者には思われた。欧州最大のイスラーム・ユダヤ教コミュニティを抱え、政教分離(ライシテ)のもとで社会統合を試みてきたフランス人の自負が窺える。しかし、現実はシャルリ以前から社会統合を弱体化させてきたフランス、EU諸国。今後その再編は不可欠な作業である。ただその際、ある世界観の強要にならないよう、公私の区分は保守されねばならない。かつて暴力に蓋をした妥協が破られるなら、終わりなき闘争が再来する。

たかやま・ゆうじ　1979年生まれ。明治大学政治経済学部専任講師（政治学）。著書に『トクヴィルの憂鬱』、編著に『社会統合と宗教的なもの』など。

自由主義社会と異文化とユマニスム

矢田部 厚彦

寛容に関する書簡

私には、学生時代からのフランス人の友人がひとりいる。名は一応 Ph.R. としておこう。長年銀行勤めをした彼は、退職後の現在、ブルターニュの小都市に暮らす平凡なフランス市民のひとりであり、敬虔なカトリック信者でもある。シャルリ・エブド社襲撃事件が起こるとすぐ、私は、彼に遺憾の意をメールした。4年前の東日本大震災の際は、早速彼から見舞いのメールを受けていたのである。すぐに返事が来た。そこには、次のように書かれていた。

「貴兄の友情に満ちたメッセージに感謝する。いま小生としては、内外の要人たちを先頭に行われた昨日の大規模デモ行進が、異文化、異宗教尊重の精神、すなわち〈共存〉の実現を可能とする真に建設的な対話に繋がることを祈るのみだ。

過激分子に対しては、断固として戦わなければならない。しかし同時に、寛容精神の喪失、言い換えれば人間的・精神的価値の放棄によって、自己中心主義が拡大し、われわれが目撃したばかりの憎悪運動続発の危険に対しても戦わなければならない。また、われわれ先進国は、テロリスト組織から誘惑の標的となっている若者たちにとっての深刻な社会・労働問題解決にも取り組まなければならない。これらは、長期的で複雑な問題だ。しかし真の平和実現のためには、これらの問題を避けて通ることはできない」（強調筆者）。

これを読んで、私は何かホッとするとともに、Ph.R. に対する友情の深まるのを感じた。

宗教戦争の瓦礫から

フランスには、凄惨な宗教戦争という歴史がある。16世紀の昔、同じフランス人、しかも同じキリスト教徒がカトリックとプロテスタントに分かれて殺し合った。それは、凄まじい殺し合いだった。新教徒がカトリック司祭の舌を切り取ると、旧教徒はプロテスタントの女を凌辱してから縛り首にし、新教徒は殺した旧教徒の子供の死体でこしらえた「ごった煮」をその親に送りつけ、旧教徒は捕らえた新教徒の女の性器の奥に火薬を仕込んで炸裂させた。

それが、同じ神の名のもとに行われた。気に入らないから辱めて殺すというのは人間のすることではない。その悍おぞましさは、「イスラム国」や「ボコ・ハラム」の輩やからの残虐にも劣らない。

さいわい、当時西欧世界では、宗教改革の激流の底に、人間性の本質を追求する人文主義が静かに芽吹いていた。そのために重要な役割を果たしたのは、モンテーニュのような文人たちだけではない。太后カトリーヌ・ド・メディチの下で最高行政院長を務めたミシェル・ド・ロピタルのような法曹家＝政治家もいた。彼自身は終生カトリック教徒だったが、新・旧両派の平和共存に一生を捧げ、妻、娘、婿らが新教徒となることも妨げな

かった。当然、新教徒側は、彼を保守派と非難し、旧教徒側は彼を背教者と攻撃し、教皇からは破門の脅迫を受けた。王の全国巡行に随伴の際、宰相ロピタルのための警備隊は、旧教、新教、中間派の混成でなければならなかった。彼のような人文主義者は、背腹前後に敵を持ったからである。やがて、カトリック派に大きく傾いた太后カトリーヌはロピタルを罷免したが、史上に悪名高いサン゠バルテルミの新教徒大虐殺が起こったのは、ロピタル罷免後まもなくのことであった。

とはいえ、時代は明らかに流れていた。冷静で理性的な人文主義者たちの影響下で、1598年、ナント勅令発布により、さしもの宗教戦争も終わりを告げた。この人文主義の流れが18世紀の啓蒙主義を経て、やがて1789年の人権宣言に至るのである。

当初、ふと私に不安がよぎったのは、1月11日付の読売新聞紙上に、歴史人口学者エマニュエル・トッドが「フランスでは今、誰もが〈私はシャルリだ〉と名乗っているが、私は感情に流されて理性を失いたくはない。いま私がフランスで発言すれば、〈テロリストに与する〉として袋叩きに遭うだろう。フランスでは取材に応じられない」と電話インタヴューに答えているのを見たからである。テロ攻撃を受けたフランスは理性を失っているのだろうか？ 次いで、1月11日の抗議行進の写真（中央にデンと構えるのはオランド仏大統領だ）を一面に掲げたル・モンド紙は、やや興奮気味に、「国民的感動に国際的称賛が続いた。パリは〈テロリズムに抵抗する世界の首府となった〉」と誇らしげに書いていた。そこには、「私はシャルリではない」とは誰にも言わせない雰囲気が漂っていた。私が旧友 Ph. R. のメールを見て、ホッとしたというのは、彼のような平均的フランス人の中に、理性的な人文主義の血がちゃんと流れているのを感じたからにほかならなかった。《私はシャルリ》も結構だ。しかし、「私は必ずしもシャルリではない」と臆することなく発言できる社会こそ重要である。

言論の自由と言葉の暴力の間

次いでル・モンド紙は、シャルリ事件は、「文化的9・11事件だ」とか、「テロに直面する文化人たち」といったキャッチフレーズを使って、この事件の文化的性格ないし意義を強調した。この文化的という形容詞は意味深長である。それは、シャルリ紙の風刺図像の芸術性、文化的価値を問題としているのではない。その意図は、明白に、襲撃の目標が報道機関だった事実の強調にある。世界中の言論・報道機関が一斉に「言論の自由」侵害に抗議して立ち上がった。

言論の自由は、何と言っても、民主主義社会における最重要の人権である。1789年の人権宣言にも、「思想及び意見の自由な伝達は、人にとってもっとも重要な権利である。すべての市民は、自由に意見を述べ、記述し、印刷することができる」とある。

ただし、宣言は続いて、「法に定める場合、自由の濫用という抗告には応じなければならない」としている。しからば濫用とは何か？ 公序良俗に反することが

それに当たるという原則にはほぼ合意があるとして、暴力、特に殺人という犯罪を誘発（挑発？）する言論はどうか。物理的暴力は罪悪である。よろしい。では、言論（風刺画を含む）による精神的・心理的暴力はどうか。

フランスには、古くから風刺画の伝統がある。宗教戦争の凄まじさを銅版画に描き続けたジャック・カロは、絞首刑者の死骸がまるで巨大なエンドウ豆のように、大樹の枝に並んでぶら下がっているさまを銅版画に描いた。これは誰を風刺するのでもない。そこに表現されるのは、人間が憎み合い、殺し合うことに対する痛烈な抗議と、そのような人間の性に対するカロの悲しみであろう。カロは、ルネサンス美術史の一翼を担う芸術家として、その名を残している。

翻って、シャルリ紙の作品はどうか？ 2013年9月、次回オリンピックの東京開催が決まった直後にシャルリ寄稿の風刺画家が描いた漫画がある。そこには、〈フクシマのおかげで、東京オリンピックが決まり、相撲が競技種目になった！〉と叫んでいる防護服姿の男の傍らに、三本足（放射能汚染のもたらす奇形への暗示）の力士が土俵上で睨み合っている姿がある。そこには、芸術どころかエスプリも、センスも、ユーモアもない。この絵を見て笑えるには、余程の〈ジャポネ嫌い〉でなければなるまい。日本政府は、被災民の心を傷つけるものとして不快感を表明したが、むしろ名誉棄損で訴えるべきだった。もっとも、日本国と日本人に対するこのような下劣な侮辱への報復として、テロ行為に出る日本人がひとりも出なかったことこそ、不幸中の幸いだったかもしれない。

ともあれ、国際社会は、友人 Ph.R. の言う「異文化、異宗教尊重の精神、すなわち〈共存〉の実現を可能とする真に建設的な対話」に向かって、一歩でも二歩でも進まなければならない。そのために必要なのは、ミシェル・ド・ロピタルのような指導者たちである。

それにつけても、シャルリ事件が投げかけた「表現の自由」とメディアの責任という問題に、日本人一般の関心——被害者としても、加害者としても——を喚起しなければならない。迂闊にも「反日・排日」スローガンや示威運動は、中国、韓国の専売特許と思っていた私は、1月13日の NHK 番組「クローズ・アップ現代」で、在日韓国人に対する暴力的ヘイトスピーチが日本各地で日常的に行われている現実を知り、ショックを受けた。なぜ日本のメディアは、その現実をもっと報道しないのだろうか？ それが暴力的ヘイトスピーチを繰り返す分子の復讐を怖れてのことであれば、それこそ、言論の自由を自ら放棄するものではないか。シャルリ事件勃発で騒がしい時期に、あえてこの問題を取り上げた NHK 番組制作者の勇気を多とするとともに、事件発生後、寸時も措かず、この問題に絞って企画したふらんす誌の鋭い感覚と見識にも敬意を表したい。「シャルリ問題」は、まさに、言論のあり方そのものを問うているからである。

やたべ・あつひこ　1929年生まれ。元駐フランス大使。著書に『宰相ミシェル・ド・ロピタルの生涯』、『職業としての外交官』、『敗北の外交官ロッシュ』ほか。

自由をめぐる二つの公準

池内 恵

シャルリ・エブド紙襲撃事件をめぐる日本の言説は、事件そのものよりも、フランス社会やイスラーム思想に内在する問題よりも、むしろ日本社会と日本の知識人が抱え込んだ思想的な課題を、より多く表出するものだったのではないだろうか。

引き出された内なる「憎しみ」

事件への反応によって、最初にあからさまになったのは、今もなお、多くの日本人の心の深層に、西欧コンプレックスが根強くわだかまっているという事実だった。テロの暴力に触発され、さまざまな人々の心の奥深くから、見かけ上はほとんど「憎しみ」に近いほどの反西欧感情の表現が引き出された。それはテレビのような公共のメディアでさえもしばしば見られたが、なんら抑制のないソーシャル・メディアではきわめて放恣に表出された。

テレビ各局の報道記者やコメンテーターは「テロは許せない」とのお題目を一応は唱えながらも、その次の瞬間から、殺害された風刺画家たちと、シャルリ紙があたかもヘイトスピーチを行ってきたかのように論じ、それがまさに西欧社会と西欧人の傲慢さと無理解を代表するかのように問題を規定して、論評し始めた。

ここにはソーシャル・メディアが公的メディアに及ぼすようになった影響は無視できない。テレビ局の記者やコメンテーターが、短時間に現地の社会と思想の分析を行って、番組を構成し発言したとは考えられない。むしろ日本語のソーシャル・メディアやブログなどを情報源に、フランスあるいは漠然とした「欧米」なる存在への反感、根強い被差別感情という「世論」あるいは「空気」を察知し、そのような視聴者の期待に応えて問題を構成し発言を行っていったと推論できる。

反西欧の感情を表明する発言は、「欧米ではイスラーム教徒は差別されている」という強固な思い込みに支えられている。しかしその「差別」の実態について具体的な事実や問題構造を踏まえた上での議論はほとんどなかった。そうではなく、「自分も西欧社会で差別された」という、日本人の滞在者や旅行者のきわめて曖昧な、風説の類に近い情報・印象を実質上は根拠とした議論がソーシャル・ネットワーク上に溢れ、「テロをやられた欧米社会に原因がある」という「空気」が形作られ、公的・制度化したメディアをも浸食した。日本人滞在者・旅行者が感じたかもしれない「差別」と、まったく事情を異にする、イスラーム教徒の移民とその子弟の統合の構造的な不全の問題とは、まったく異なる対象である。

知識人の機能不全

ここで明らかになるのは、日本における知識人の役割の不全という深刻な問題である。カテゴリーの異なるものが混同されて生じてくる印象があたかも「事実」であるかのごとく語られて定着していくのを防ぐのが、日本の知識人の役割であったはずだ。しかし日本の知識人は、適切な時期に適切な情報発信を行って、世論の脱線を妨ぎえていただろうか。ブ

ログやソーシャル・メディアを探索すれば、そういった事例も散見される。ただ、風説の類が大半であるインターネット上の情報の渦に、それらは押し流されていった。事件をきっかけに流された膨大な情報の中から正しい情報を選り分けるには、きわめて高いリテラシーを必要とする。そのようなリテラシーを欠く多数の人々に、知識人の言葉が届いたとは思えない。

そもそもフランス通とされる知識人にしても、問題を適切に認識できているのか疑わしい発言が目立った。日本の知識人の議論の多くに見られた問題は大きく分けて二つの問題への認識不足、あるいは壮大な思い違いからきている。そのうち一つは、そもそもイスラーム教の支配的な解釈において、人間の自由に強い制限を課す教義が含まれることを、日本の知識人が理解しておらず、理解する意志や努力の跡も見られないことである。フランスのイスラーム教徒の移民の過激化を論じるのであれば、フランスのホスト社会の問題だけでなく、イスラーム教徒の移民社会の側に広まる教義解釈やイデオロギーの体系を理解しなければ、問題の重要な片面を把握できない。ところが、移民社会の側の思想・イデオロギーの問題を抜きにして、原因のほぼ全てを移民社会にとっては外在的な社会・経済的な要因に帰することによって、問題の所在は不明瞭になる。

これは、フランス通の日本の知識人が依拠し情報源とするフランスの学者・知識人の抱えている知的限界を反映しているのかもしれない。しかし現地の特定の学者・知識人の説を、その限界を対象化せずに「受け売り」することは、日本の知識人の役割ではないはずだ。過激化した一定数のムスリム移民を、単に疎外された被害者として、フランス社会の少数派としてしか認識できないフランスの多くの知識人の限界を日本のフランス研究者が受け入れる必要性はないのである。

フランス社会に支配的な普遍主義的価値規範では認識しにくいのかもしれないが、イスラーム教はグローバルな視野で見れば、疎外されている外部どころか多数派の支配的な宗教であり、別種の普遍性を主張し、実際に広範囲の地域で規範を施行している。それはジハードや「勧善懲悪」といったイスラーム法に規定された強制的な執行権限、正確には執行の義務を、共同体の成員全体が担うとする一つの有効な解釈を伴っており、厳然とした強者の支配権力の一部を構成する。全世界で普遍的に適用されるものと規定されるイスラーム法は、フランス社会のムスリム系移民にも当然に規制力を及ぼす。だからこそ多種多様な移民集団が並存する中で、ムスリムの移民社会の中から過激化する集団が突出した規模で現れてくると考えるのが、妥当な推論の道筋である。ムスリム移民の過激化した人たちの依拠する規範を内側からとらえ、それとフランス社会の支配的な価値規範との対立の存在を解き明かしていく作業は、本来であれば外部からフランスを見ることができる日本の知識人の立場でこそ可能なものであったはずだ。

自由の構成条件

明らかになったもう一つの事実は、西欧の文物の移入に専念してきたはずの日本の近代の経緯からは、いっそう深刻な

問題であると思われる。すなわち、知識人の間でさえも、そもそも言論の自由がどのような意味と理論的構成を持っているかを適切に理解し表現できる人がそう多くないという事実である。「表現の自由には制限がある」のが当然であるという強固な観念が日本社会に存在することを、シャリ・エブド紙襲撃事件への反応は露わにした。日本で「制限」されるべき表現とは、結局「他者の気分を害する」表現である。西欧由来の学問に依拠する日本の知識人のどれだけ多くが、これに抗する論理を持っているだろうか。

ある者が「気分を害した」と主張すればその表現は規制されて当然だとするならば、自由は成り立たない。もちろん他者の尊厳を顧慮する義務は誰にもある。しかし個人としての人間ではなく、ある特定の集団が護持するものとされる特定の規範体系の絶対的な尊厳への顧慮を要求し、批判や揶揄を制限し、批判に対して暴力を振るう権限すら留保するのであれば、近代的な自由の基礎は掘り崩される。不寛容を含む規範体系に対する寛容が成り立つか、平等ではない要素を含む規範体系にもそのままで平等な地位を認めるのかという問題には、正面から取り組まなければならない。

もし個人としての人間の尊厳だけでなく、神の啓示に由来する規範体系への尊厳への侵害の排除も要求できるとしよう。その場合、規範体系の尊厳を侵害したと誰が判定するのだろうか。判定した結果を誰がどのように実施するのだろうか。その判定と実施を、国家権力や宗教権威、あるいはグローバルな宗教共同体の成員の一人一人が行えるのであれば、世界は万人の万人に対する闘争に陥り、自由は消滅する。シャルリ紙を襲撃した犯人たちは、イスラーム教の規範体系への挑戦は許されないとする要求に対して風刺で挑戦した者たちを、文字通り世界から消滅させた。これを黙認することは、規範体系への尊厳の侵害を判定し、実施する権限が、イスラーム共同体の不特定の成員にあると認めることになる。だからこそフランス社会の各層が団結してこの行為を非難したのである。

しかし日本では、「他者の気分を害するな」という支配的な通念に照らして問題が理解され、「他者の気分を害した」シャルリ紙への制裁を実質上黙認する言説が、問題視されることなく広まった。このことがもたらす究極的な自由の侵害の可能性を、日本の知識人の多くは敏感に察知しなかったし、有効に反論する明確な論理を持ち合わせてもいなかった。そのことを露呈させたのがシャルリ・エブド事件の日本思想にとっての最大の意味だろう。

改めて自由の公準を

西欧が近代社会を形成していく過程で、政教分離の思想を軸に闘って獲得していった思想・信条の自由とは、「自分の自由を侵害されたくなければ、他者の自由を認めよ」という公準を不可欠の要素としている。しかし日本では別の公準によって、実質上の政教分離や思想・信条の自由を、特に第二次世界大戦後において、維持してきたと見られる。その公準とは「自分が気分を害されたくなければ、他者の気分を害するな」というものだ。

これが日本固有の観念であるとは言わない。どの文化圏や規範体系にも、部分的には見い出すことができる公準だろう。注目すべきは、二つの公準のどちらが優先されるかである。西欧に端を発する近代社会では、前者の自己の自由の定立がまず優先されるようになった。それに対して日本では自由を定義するときに、自らの自由の定立よりも先に、他者への侵害の自粛をまず行うことが、いつの段階に始まったかはともかく、必須の要件とされるようだ。

もし社会の誰もが他者への侵害を控えることで合意できるならば、これは結果として西欧近代とは別種の、ある種の自由の空間をもたらす論理と言えるのかもしれない。

問題は、そのようなやり方で本当に自由が確保されているのか、今後も確保されるのかというところにある。仮に、過去の一定期間、日本においてこのような論理構成による「自由」が実際に実現していたとしよう。そのような自由が誰によっていつ導入されたのかという点はここでは考察の対象から除外しておこう。実質的に存在した「自由」が維持されてきたのは、同質的な社会において、移民などの異質な存在の加入を極力制限してきたからではないだろうか。社会への新規加入者を極端に絞った上で、既存の成員は、相互に強固な同質化圧力をかけ合うことで、相互に相手の「嫌がること」が了解可能になる。それによって「他者の嫌がることはするな」という公準が適用可能であり続ける。

しかし日本社会の同質性を前提とした「思いやり」による摩擦回避が不可能な、別種の規範を護持する本当の意味での他者が社会の中に現れた時に、このような公準で社会が維持できるのだろうか。そしてなおもこのような公準で社会が維持されたときに、そこに自由があるのだろうか。私は、それはきわめて疑わしいと思う。

日本社会が今後も移民を受け入れる社会になることを選ばなかったとしよう。それによって被る経済的な制約・損失については措くとしよう。それでも今後のわれわれの精神的・知的損失だけでも計り知れない。すでにわれわれは、隣人による侵害の矛先を向けられたくないがゆえに、他者に対する侵害になりうると思われる言動をあらかじめ自粛して、精神の自由を失っているのではないか。われわれはすでに、首をすくめ、果てしなく他者を思いやることに、疲れ果てているのではないか。そして、この公準がもたらす「正当」な要求によって、批判を耳に入れたくない政治権力者から市井のクレーマーまでの、「自分の気分が害された」と主張する「他者への侵害の排除」を求める人々によって、実際にはわれわれの自由の範囲は制約されているのではないか。

そうであるならば、「自分の自由を失いたくないならば、他者の自由を守れ」という、西欧に端を発する近代社会が、多くの摩擦を含みながらも護持してきた公準を、周回遅れかもしれないが、日本社会もまた取り入れる時期にきているのではないだろうか。

いけうち・さとし　1973年生まれ。東京大学先端科学技術研究センター准教授。イスラーム政治思想・中東研究。東京大学文学部イスラーム学科卒業。日本貿易振興機構アジア経済研究所研究員、国際日本文化研究センター准教授をへて現職。主著に『現代アラブの社会思想』、『アラブ政治の今を読む』、『イスラーム世界の論じ方』、『イスラーム国の衝撃』など。

掲載図版［提供：野村正人］
013頁　俺たち、ほんとうに殺された甲斐があったというものだ（ドーミエ）
045頁　洋梨からルイ＝フィリップへ（フィリポン）
057頁　洋梨暗殺者マイユー（トラヴィエス）
091頁　確かに死んだんだろうな（『シャリヴァリ』1852年）
103頁　社会民主的な世界共和国（ソリュー）

編集＝阿部唯史＋鈴木美登里＋竹園公一朗＋丸山有美＋和久田賴男

編著者紹介

鹿島茂［かしま・しげる］　明治大学国際日本学部教授。専門は19世紀のフランスの文学・風俗。古書・稀覯本・版画のコレクターとしても知られる。著書に『馬車が買いたい！』（サントリー学芸賞）、『子供より古書が大事と思いたい』（講談社エッセイ賞）、『職業別パリ風俗』（読売文学賞）、『新聞王ジラルダン』、『怪帝ナポレオン三世』、『カリカチュアでよむ 19世紀末フランス人物事典』など多数。

関口涼子［せきぐち・りょうこ］　作家、翻訳家。東京生まれ、パリ在住。フランス語と日本語で著作活動を行う。主著に Ce n' est pas un hasard、Manger fantôme、『機』（吉増剛造との共著）、訳書にラヒーミー『悲しみを聴く石』、シャモワゾー『素晴らしきソリボ』など。

堀茂樹［ほり・しげき］　慶應義塾大学総合政策学部教授、翻訳家。専門はフランスの思想と文学。主な訳書にアゴタ・クリストフ『悪童日記』三部作、『文盲』、アニー・エルノー『シンプルな情熱』他。近著に『グローバリズムが世界を滅ぼす』（共著）、「メリトクラシー再考」（『現代思想』2015年1月臨時増刊号）。

ふらんす　特別編集

シャルリ・エブド事件を考える
Penser l'affaire Charlie Hebdo édition spéciale LA FRANCE

2015年2月25日印刷
2015年3月11日発行

編著者	鹿島茂＋関口涼子＋堀茂樹
発行所	株式会社白水社
発行者	及川直志
電話	03-3291-7811（営業部）　7821（編集部）
住所	〒101-0052　東京都千代田区神田小川町3の24
	http://www.hakusuisha.co.jp
振替	00190-5-33228
印刷所	株式会社三秀舎
製本所	誠製本株式会社

乱丁・落丁本は送料小社負担にてお取り替えいたします。

▷本書のスキャン、デジタル化等の無断複製は著作権法上での例外を除き禁じられています。本書を代行業者等の第三者に依頼してスキャンやデジタル化することはたとえ個人や家庭内での利用であっても著作権法上認められておりません。

Printed in Japan
ISBN978-4-560-08430-4

© 鹿島茂・関口涼子・堀茂樹（代表）2015

白水社の本

アラブ500年史
オスマン帝国支配から「アラブ革命」まで(上・下)

ユージン・ローガン 著／白須英子 訳

16世紀のオスマン帝国によるアラブ世界征服から、英仏を中心としたヨーロッパ植民地時代、パレスチナの災難、米ソ超大国の思惑に翻弄された冷戦時代を経て、アメリカ一極支配とグローバル化時代にいたるまでを、英国の泰斗がアラブ人の視点から丁寧に描く。中東近現代史の決定版!

イスラームから考える

師岡カリーマ・エルサムニー 著

ベール、風刺画、原理主義、パレスチナ問題……。イスラームに関する報道から私たちは何を考えていかなければならないのか。いまを生きるための一冊。酒井啓子氏との対談も収録。

白水社の本

カリカチュアでよむ
19世紀末フランス人物事典

鹿島 茂、倉方健作 著

1878年から1899年にかけてパリで刊行された冊子『今日の人々(レ・ゾム・ドージュルデュイ)』に登場した全469名の戯画に、明解な人物紹介を付したきわめて貴重な資料。当時の政治・経済・文化を理解する必携の書。

北緯10度線
キリスト教とイスラームの「断層」

イライザ・グリズウォルド 著／白須英子 訳

信仰の断層線を成すアジア・アフリカの6カ国を巡り、かつて平和的に共存していた2つの宗教が衝突するようになった過程を、歴史、文化、人口動態の側面から克明に描いた傑作ルポ。

白水社の本

革命宗教の起源
［白水iクラシックス］

アルベール・マチエ 著／杉本隆司 訳／伊達聖伸 解説

理性の祭典や最高存在の祭典をはじめ異様な「祭り」に興じたフランス大革命。これらの出来事は狂信的なテロルとともに、輝かしい革命の「正史」からの逸脱として片付けていいのか？

社会統合と宗教的なもの
十九世紀フランスの経験

宇野重規、伊達聖伸、髙山裕二 編著

あらゆる権威を否定した大革命後のフランス。新キリスト教から人類教、人格崇拝に至るまで、そこに幻出した〈神々のラッシュアワー〉状況を通じて社会的紐帯の意味を問い直す。

白水社の本

革命と反動の図像学
一八四八年、メディアと風景
小倉孝誠 著

「独裁も時には必要だ。圧制だって万歳さ」(『感情教育』)。革命家はなぜ帝政を容認したのか? トクヴィルからフロベール、教会の鐘から産業革命の轟音まで、反動の時代の基底へ。

大正大震災
忘却された断層
尾原宏之 著

関東大震災はそもそも「大正大震災」だった。なぜ、当時の日本人はあの大地震をそう呼んだのか? この問いかけから紡ぎ出された、もうひとつの明治・大正・昭和の物語!

白水社の本

社会契約論
［白水Uブックス］

ジャン゠ジャック・ルソー 著
作田啓一 訳
川出良枝 解説

名訳で贈る、『社会契約論』の決定版。民主主義の聖典か、はたまた全体主義思想の先駆けか。民主主義を支えるのは、神に比される立法者、それとも「市民宗教」？

フランスにおける脱宗教性(ライシテ)の歴史
［文庫クセジュ］

ジャン・ボベロ 著
三浦信孝、伊達聖伸 訳

ライシテとは、宗教上の信条とは関係なく市民としての権利が保証されることである。本書は、革命期からスカーフ禁止法成立までのフランスにおける脱宗教化の道のりをたどる。

世界のなかのライシテ
宗教と政治の関係史
［文庫クセジュ］

ジャン・ボベロ 著
私市正年、中村 遥 訳

30か国が署名した21世紀世界ライシテ宣言。文化衝突や宗教対立を乗り越え、人類共生の原理構築になりうることを示唆。政教分離思想の歴史と世界における歩みを解説する。

白水社の本

テロリズム
歴史・類型・対策法
［文庫クセジュ］

ジャン゠フランソワ・ゲイロー、ダヴィド・セナ 著
私市正年 訳

テロリズムは、つねに変化している。その歴史をたどり、定義づけを試み、類型化することによってテロリズムの正体を見極めるとともに、フランスを中心とした欧米のテロ対策法を紹介。

第五共和制
［文庫クセジュ］

ジャン゠フランソワ・シリネッリ 著
川嶋周一 訳

ド・ゴールが統治した 1958 年から現在までの政治文化史を解説。左・右派異なる指導者が大統領と首相に就く「コアビタシオン」の時代、極右勢力の台頭など混乱を招いた経緯を解析。

アルジェリア近現代史
［文庫クセジュ］

シャルル゠ロベール・アージュロン 著
私市正年、中島節子 訳

地中海をはさんで南仏に臨む、北アフリカの広大な共和国──アルジェリアの歴史を、フランスによる植民地支配との関わりから詳細に解説。巻末には「地図・年表・索引」を付した。

白水社の月刊誌

ふらんす

雑誌『ふらんす』は、1925年創刊。
日本で唯一のフランス語・フランス文化専門の総合月刊誌です。

フランス語、文学、歴史、思想、映画、食、
人物評伝、エッセイ、アクチュアリテなどなど、
毎号フランスの古今をお届けします。
フランスを愛するすべての方に……。

◎毎月下旬発売◎